La Passagère

DU MÊME AUTEUR

L'Égoïste, Théâtre, Prise de parole, 1999.

*Cinquante exemplaires de cet ouvrage
ont été numérotés et signés par l'auteur*

Claude Guilmain

La Passagère

Théâtre

Sudbury
Prise de parole
2002

Données de catalogage avant publication (Canada)
Guilmain, Claude, 1958-
    La passagère/Claude Guilmain.

Pièce de théâtre.
ISBN 2-89423-137-7

    I. Titre.

PS8563.U547P37   2002   C842'.54   C2002-904659-9
PQ3919.2.G84P37   2002

En distribution au Québec: Diffusion Prologue
                              1650, boul. Lionel-Bertrand
                              Boisbriand (QC) J7H 1N7
                              450-434-0306

Prise de parole se veut animatrice des arts littéraires en Ontario français; elle se met donc au service des créatrices et créateurs littéraires franco-ontariens.

La maison d'édition bénéficie de l'appui du Conseil des Arts de l'Ontario, du Conseil des Arts du Canada, de Patrimoine Canada (Programme d'appui aux langues officielles, Programme d'aide au développement de l'industrie de l'édition et Partenariat interministériel avec les communautés de langue officielle) et de la Ville de Sudbury.

Œuvre en page de couverture: Suzon Demers, *L'ambitieuse Ève Marie Guérin Schmidt*, huile sur toile, 36 pouces sur 36 pouces, 2002.
Photographies à l'intérieur: Jules Villemaire, pages 50 et 51, et Claude Guilmain, pages 49 et 52.
Photographie de l'auteur: Louise Naubert
Conception de la couverture: Olivier Lasser

ISBN 2-89423-137-7

À ma mère

REMERCIEMENTS

Au nom du théâtre La Tangente, j'aimerais remercier Jean-Claude Marcus et le Théâtre français du Centre national des Arts sans qui la production de La Passagère *n'aurait jamais eu lieu.*

Je veux remercier également le Conseil des Arts du Canada, le Conseil des Arts de l'Ontario, le Conseil des Arts de Toronto et Patrimoine canadien pour leur appui.

Merci aussi à tous ceux et celles qui ont participé au développement du texte: Élizabeth Bourget, Lina Blais, Sébastien Bertrand, Roch Castonguay, Marie-Hélène Fontaine, France Gauthier, Robert Godin, Richard Greenblatt, François Régis Klanfer, René Lemieux, Robert Marinier, Claude Naubert, Louise Naubert, Martin David Peters, Roger St-Denis et Claudia Thériault.

Je tiens à remercier tout particulièrement Maurice Arsenault qui a su me remettre sur la bonne voie.

Préface

Alors que La Passagère *venait d'être créée par le Théâtre la Tangente à Toronto, j'ai eu le plaisir de la programmer au Festival du théâtre des régions, en juin 2001, à Ottawa. Après le succès remporté par la compagnie deux ans auparavant avec* Les Cascadeurs de l'amour *comme spectacle d'ouverture des 15 jours de la dramaturgie des régions (c'est ainsi que se nommait alors le Festival), le public était heureux de retrouver cette jeune compagnie dynamique vouée à la création. Et il ne fut pas déçu. De façon périodique, j'ai donc pu suivre le travail de Claude Guilmain pendant le long processus de création de* La Passagère.*

Cette «comédie dramatique avec musique» met en scène une panoplie de personnages, dont deux artistes aux parcours bien différents, avec, en toile de fond, le naufrage du Titanic. Il s'agit de la deuxième pièce de Guilmain. Sa première, L'Égoïste, *était plutôt autobiographique, alors que* La Passagère *est le fruit d'une recherche à la fois historique et musicale exigeant plus de recul, mais dans laquelle l'auteur est resté pleinement engagé et intègre.*

Jusqu'à maintenant du moins, Guilmain est de ces auteurs qui mettent en scène leurs propres textes. Artiste polyvalent, il conçoit également les scénographies de ses spectacles. À ce titre, il a dû renoncer à sa première impulsion d'un décor élaboré – un peu trop titanesque *– pour revenir à une forme plus épurée, un choix judicieux qui, selon l'auteur, évitait d'emberlificoter la pièce. Enfin, j'estime que l'auteur, le metteur en scène et le scénographe en Claude Guilmain ont su* *travailler dans l'harmonie, malgré les chicanes qu'ils ont sûrement dû avoir.*

La marque du Théâtre la Tangente, dont Claude est le directeur artistique, réside peut-être surtout dans le fait de marier plusieurs disciplines artistiques à l'intérieur de chaque création. Alors que la production Les Cascadeurs de l'amour, *mise en scène par Louise Naubert, était basée sur un récit poétique de Patrice Desbiens et faisait appel à la photo, à la guitare et à un apport vidéographique important,* La Passagère *intègre surtout la musique, non pas comme le font les comédies musicales, mais bien dans l'action même: l'action de chanter ou de jouer, comme dans la scène de l'audition, à travers laquelle le spectateur apprend énormément au sujet des protagonistes. Le choix des airs lyriques n'est pas fortuit, les paroles étant fort pertinentes à la montée dramatique de la pièce.*

Pièce d'époque, direz-vous. Peut-être, mais c'est bien de la société d'aujourd'hui dont nous parle Guilmain. Certaines choses n'ont pas changé depuis cent ans, comme l'ambition démesurée et la corruption que notre société de «performance» incite chez des gens de tous les secteurs. Récemment, le quotidien de mon coin de pays annonçait, photo de maquette à l'appui, que le plus gros paquebot du monde naviguerait en 2004 – il mesurerait 345 mètres de longueur, pourrait accueillir 2620 passagers, etc. Parions que ce fait divers a fait le tour du monde, comme si le plus important était toujours de battre des records. Les débordements ne sont plus seulement l'affaire de certains industriels qui, pour l'appât du gain, font fi de l'environnement, voire des êtres humains. Combien avons-nous connu d'athlètes (et d'entraîneurs) qui ont tout fait pour gagner l'or, abusant de stéroïdes ou participant à des collusions impliquant des juges de leurs événements? Les récents scandales financiers aux États-Unis ne nous ont pas laissé une meilleure impression des comptables et des chefs d'entreprises.

Les exemples sont hélas trop nombreux et, comme Guilmain l'illustre dans cette pièce, les artistes ne seraient pas à l'abri d'ambitions déraisonnables. C'est peut-être encore plus troublant. La tentation est humaine, l'ambition aussi… Comme société et comme individus, n'aurions-nous pas avantage à remettre en question nos rêves de grandeur? Il me semble que c'est justement ce questionnement qui a motivé l'auteur de La Passagère. *Dans cette pièce, il oppose carrière et intégrité. Il cherche la nuance entre l'ambition et le dépassement de soi. Mais il nous fait surtout réfléchir au prix de l'amitié, de l'amour et de la loyauté.*

MAURICE ARSENAULT
septembre 2002

MOT DE L'AUTEUR

L'idée de cette pièce est née le jour où j'ai lu The Titanic, End of a Dream *de Wyn Craig Wade. Ce qui m'a séduit dans cette œuvre n'est pas tant l'histoire du naufrage comme telle, mais plutôt le phénomène social que représentait ce navire: le lancement du Titanic marquait l'apogée de la croyance en l'infaillibilité technologique: à ce moment dans l'histoire, tout l'espoir d'une société entière reposait sur l'industrialisation et la mécanisation. Le naufrage a marqué les trois décennies qui ont suivi: deux guerres mondiales entrecoupées par le krach de la bourse de New York qui engendra la crise économique des années trente. Un destin auquel la société de l'époque n'aurait pu échapper.*

De nos jours, nous montons à bord d'un avion confiants que l'ordinateur ne déclenchera pas les manœuvres d'atterrissage alors que nous amorçons le décollage. L'autoroute électronique est en train de révolutionner notre vie quotidienne: nous lui confions nos comptes en banque, nos investissements, des diagnostics médicaux et nos conversations les plus intimes. Chaque jour, nous mettons aveuglément nos vies entre les mains d'IBM et de Microsoft, en ne nous posant pas plus de questions que les passagers qui montèrent à bord du Titanic, confiants que le navire était insubmersible.

Tout près de dix ans ont passé entre ma découverte du livre de Wade et le début de l'écriture de la pièce. Au moment où j'allais commencer à écrire, le film de Cameron, Titanic, *est sorti au cinéma; il n'était donc plus question de créer une pièce qui traiterait principalement du naufrage. J'avais* toutefois l'intention d'écrire une pièce qui tracerait le parallèle entre cette époque et la nôtre et qui aurait pour sujet l'amour et l'ambition.

J'avais déjà eu l'idée d'une pièce en partie basée sur la vie des parents de ma conjointe. Louise Naubert m'avait raconté que sa mère et son père se connaissaient quand ils étaient adolescents. Roger aimait bien passer le dimanche après-midi chez Marie à l'accompagner au piano. Un jour, craignant que ce jeune musicien ne soit trop attaché à sa fille, le père de Marie lui interdit de revenir à la maison. Vingt ans plus tard, Roger revit Marie alors qu'elle chantait à l'église. L'épouse de Roger était décédée et le fiancé de Marie, porté disparu à la guerre. Après quelques mois de fréquentation, ils décidèrent de se marier.

J'ai donc tracé la vie d'une chanteuse qui aurait fait carrière à l'époque des grands paquebots, mais je ne voulais pas en faire une histoire d'amour romantique. Les deux protagonistes sont liés d'une passion commune pour la musique et c'est l'ambition qui les séparera. Ils évoluent dans un monde qui n'est pas si différent du nôtre, un monde où l'appât du gain domine tous les aspects de leur vie. En bout de ligne, ce n'est pas de sa propre ambition dont Ève-Marie sera victime, mais de la société qui l'aura poussée à être toujours plus ambitieuse.

Il y a parfois de ces moments, dans la vie, où nous comprenons que nos rêves dépassent nos capacités de les réaliser; ou encore que le rêve, une fois atteint, ne correspond pas tout à fait à nos attentes. C'est à ce moment que se manifeste l'incontournable «force du destin». Dans La Passagère, les deux protagonistes vivront, chacun à sa façon, un moment qui leur sera déterminant: l'un y trouvera la paix, l'autre le regret.

La Passagère n'est ni un mélodrame, ni une comédie musicale. C'est une comédie dramatique avec musique. Les protagonistes sont entourés de personnages caricaturaux, qui reflètent la superficialité et l'opportunisme dans la société et

11

qui doivent êtres interprétés sans retenue.

J'aimerais souligner, en terminant, que la création de cette pièce n'aurait jamais été possible sans la participation de Louise Naubert qui m'a encore une fois encouragé, mais qui a été également une très grande source d'inspiration. Je dois en dire autant de Claude Naubert qui a créé une trame musicale qui se marie tellement bien aux extraits d'œuvres musicales et aux dialogues qu'elle passe parfois inaperçue. Je suis fier d'avoir travaillé à la création d'une pièce qui rassemble les talents de ces deux artistes, qui m'ont appris, entre autres, le souci du détail.

CLAUDE GUILMAIN
septembre 2002

MOT DU COMPOSITEUR

Lorsque mon vieux complice Claude Guilmain m'a parlé, il y a sept ou huit ans, de son désir de créer une pièce ayant comme éléments de base le Titanic et une chanteuse d'opéra, jamais je n'aurais cru qu'autant de musique pourrait être interprétée dans une seule et même représentation théâtrale ! Quand cette pièce a pris forme, elle nous a dévoilé les univers d'individus qui avaient tous un rêve : le désir de faire leur marque. Or, deux de ces personnages étaient largement habités par la musique.

Dans La Passagère, *on retrouve la musique à travers trois éléments. Premier élément: l'opéra, un monde que ma sœur Louise et moi avons bien connu puisque nous y avons fait une incursion à la fin de notre adolescence. Nous avions donc l'embarras du choix, mais nous tenions à ce que chaque air d'opéra interprété ait sa raison d'être. Il en fut de même pour les morceaux de piano exécutés par Maurice, dont l'univers pianistique constitue le deuxième élément musical. Ainsi, certaines des pièces choisies trahissent ses sentiments, alors que d'autres nous permettent de mieux comprendre l'obsession qu'ont certains pianistes d'atteindre les hauts sommets de la virtuosité. Et il y a finalement le troisième élément: la musique d'accompagnement écrite pour violoncelle et piano. Quant à moi, le violoncelle, par sa ressemblance au registre de la voix humaine, transmet de façon sublime tous les mouvements de l'âme.*

J'ai donc tenté de recréer une musique comme celle qu'on aurait pu entendre en ce début du vingtième siècle, une écriture post-romantique, pas encore tout à fait atonale ou dodécaphonique. Cette musique originale sert en quelque sorte de pont entre les univers de Maurice et d'Ève-Marie.

On pourrait passer des heures et des heures à tenter de définir ce qu'est ou n'est pas La Passagère. *Pièce à caractère historique? Critique sociale? Drame sentimental? C'est un peu de tout ça mais, pour moi,* La Passagère *c'est d'abord et avant tout une célébration de la musique.*

CLAUDE NAUBERT
31 août 2002

La Passagère est une création du théâtre La Tangente (Toronto) en coproduction avec Le Théâtre français du Centre national des Arts (Ottawa). La pièce a été créée au Toronto Centre for the Performing Arts en mars 2001 et reprise dans le cadre du Festival du Théâtre des Régions au Centre national des Arts à Ottawa en juin de la même année dans une mise en scène de l'auteur.

La distribution

Louise Naubert	Ève-Marie Guérin
Richard Greenblatt	Maurice Kleinman
Marie-Hélène Fontaine	Irène von Stross
François Régis Klanfer	un journaliste/Gustav Schmidt/un metteur en scène
Robert Godin	un journaliste/le père/ l'ecclésiastique/un metteur en scène
Sébastien Bertrand	un journaliste/Fritz/un metteur en scène/Beker
Lina Blais	Madame Riser/une femme
Caroline Bard	une passante/l'adjointe
Éric Charbonneau	un photographe/un journaliste/le concierge/le paperboy

Les concepteurs

Claude Naubert	Musique originale / direction musicale de production
Lionel Tona	Adaptation des airs d'opéras (à partir des versions anglaises)
Michel Charbonneau	Éclairages
Yvonne Sauriol	Costumes
Corpus (Sylvie Bouchard, David Danzon)	Chorégraphie
Claude Guilmain	Scénographie

Équipe de production

Marie-Line Ross	Piano et direction musicale
Alex Grant (Toronto)	Violoncelle
Mary Katherine Finch (Ottawa)	Violoncelle
Michel Charbonneau	Régie
Dany Boivin	Assistance à la régie / direction de production / Accessoires
Mani Soleymanlou	Assistant à la production
Scott Spidell, Claude Laurent Bowling	Construction du décor
Glenn Charles Landry	Peinture du décor
Melissa Veal	Coiffures et perruques
Carol McNutt	Confection des costumes (Ève-Marie Schmidt)
Brahm Goldhamer	Coaching vocal

La distribution pour la tournée au Québec en janvier et février 2003

Louise Naubert	Ève-Marie Guérin
Sébastien Ventura	Maurice Kleinman
Suzanne Champagne	Irène von Stross
François Régis Klanfer	un journaliste/Gustav Schmidt/un metteur en scène
Robert Godin	un journaliste/le père/l'ecclésiastique/un metteur en scène
Simon Barry	un journaliste/Fritz/un metteur en scène/ Beker
Lina Blais	Madame Riser/une femme
Éric Charbonneau	un photographe/un journaliste/le concierge/le paperboy
Fabienne Naubert L'Abbé	une passante/l'adjointe

Chronologie des événements historiques

1907 : les navires britanniques Lusitania et Mauretania, propriétés de la Cunard Steamship Company, entrent en service. Les deux navires remportent le Ruban Bleu — un trophée symbolique accordé au paquebot qui traverse le plus rapidement l'Atlantique — lors de leur première traversée.

1911 : l'Olympic, navire britannique appartenant à la White Star Line, est mis en service. L'Olympic est le jumeau du Titanic et du Gigantic qui sera rebaptisé Britannic après le naufrage du Titanic.

10 avril 1912 : voyage inaugural du Titanic.

14 avril 1912 : naufrage du Titanic.

Printemps 1913 : l'Impérator (originalement nommé l'Europa), un navire allemand propriété de la Hamburg-Amerika Line, est mis en service. Pour s'assurer que le navire soit plus long que l'Aquitania (navire britannique appartenant à la Cunard) et ainsi le plus long navire à flot, les concepteurs de l'Impérator y fixent un aigle géant à la proue. Les ailes de l'aigle tombent à la mer lors d'une tempête et l'aigle est enlevé.

Avril 1913 : le Vaterland (le second parmi les géants allemands) est mis en service.

Juin 1914 : lancement du Bismarck (troisième des géants

allemands). Le navire passe les quatre années de la Première Guerre mondiale à rouiller dans un port allemand. Le Bismarck passera aux mains des Britanniques après la guerre en guise de réparation pour la perte du Britannic.

1914: assassinat de l'archiduc d'Autriche François-Ferdinand à Sarajevo. Début de la Première Guerre mondiale.

Août 1914: le Vaterland est capturé par les Américains lors d'un séjour à New York et sera rebaptisé Leviathan.

7 mai 1915: le Lusitania est torpillé par un sous-marin allemand et coule en vingt minutes. L'Impérator passera aux mains des Britanniques après la guerre en guise de réparation pour la perte du Lusitania et sera rebaptisé Berengaria. L'Olympic restera en service jusqu'à la fin des années vingt.

1939: invasion de la Pologne par l'Allemagne, début de la Deuxième Guerre mondiale.

Un violoncelliste joue une mélodie mélancolique.
Il s'arrête subitement.

ÈVE-MARIE

(S'adressant au public.) Ève-Marie Schmidt était devenue l'une des plus grandes cantatrices de son époque…
Du plus loin que je m'en souvienne, j'ai toujours rêvé de chanter à l'opéra. Jusqu'à ce jour, j'avais interprété les plus grands rôles du répertoire classique… Et pourtant…
Les journalistes entrent.

JOURNALISTE 1

Madame Schmidt! Est-ce vrai que vous vous retirez de la scène?

JOURNALISTE 2

Mrs. Schmidt! Is it true that you are giving up touring?

JOURNALISTE 3

Madame Schmidt! Est-ce vrai que vous prenez votre retraite?

ÈVE-MARIE

I am no longer giving recitals.

LE PHOTOGRAPHE

Par ici!
Ève-Marie pose pour le photographe. «Flash» de l'appareil photo.

ÈVE-MARIE

(S'adressant au public.) J'avais décidé de ne plus donner de récitals, les tournées m'épuisaient. *(S'adressant au journaliste.)* Mais il n'est pas question que je prenne ma

retraite. J'ai décidé de me consacrer à l'enregistrement, c'est tout…

JOURNALISTE 1

(*En écrivant dans un calepin.*) Ève-Marie Schmidt admet qu'elle ne peut plus maintenir son rythme de vie effréné.

JOURNALISTE 3

Madame Schmidt! On propose de mettre au rancart le monument érigé à la mémoire de votre mari et de le remplacer par une statue qu'on élèvera à l'effigie de Charles Lindbergh.

JOURNALISTE 1

Ce geste politique serait-il motivé par les nouvelles agressions de l'Allemagne en Europe?

JOURNALISTE 2

Is the growing resentment against Germany the real reason you are leaving the concert stage?

ÈVE-MARIE

J'ai consacré ma vie à la musique et je puis vous assurer qu'il n'y a jamais eu de place ni pour la politique ni pour le commerce dans ma carrière.

LE PHOTOGRAPHE

Par ici!

Ève-Marie pose pour le photographe. «Flash» de l'appareil photo.

MAURICE

Toujours aussi habile avec les journalistes.

ÈVE-MARIE

(*S'adressant au public.*) Je n'avais pas vu Maurice depuis le Conservatoire. Pourquoi avait-il choisi ce moment précis pour revenir dans ma vie? (*S'adressant à Maurice.*) Maurice?!

MAURICE

…Ève.
Ils s'embrassent poliment.

ÈVE-MARIE

Je… Tu… Mon Dieu… Je suis tellement heureuse de te revoir! Comment vas-tu?

MAURICE

Je me porte merveilleusement bien, merci. Et toi?

ÈVE-MARIE

La saison a été longue. J'ai à peine eu le temps de reprendre mon souffle entre les récitals et la production à l'Opéra de New York.

MAURICE

C'est vrai, je n'ai pas à te demander comment tu vas, je n'ai qu'à ouvrir le journal.

ÈVE-MARIE

Tu sais, je lis à peine les journaux.

MAURICE

La critique dans le *Times* était très bonne, pourtant!

ÈVE-MARIE

Mais ça doit faire une éternité qu'on s'est vu! Dis-moi…

MAURICE

On ne s'est pas revu depuis Paris, Ève.
Petit moment inconfortable.

ÈVE-MARIE

Paris… C'est vrai… Tu joues, ici à New York? Pourtant, je n'ai rien vu annoncé.

MAURICE

J'habite ici maintenant.

ÈVE-MARIE

Tu habites New York? Depuis longtemps?

MAURICE

Depuis dix ans.

ÈVE-MARIE

Ah! Des enfants?

MAURICE

Deux filles. J'ai un atelier à deux coins d'ici.

ÈVE-MARIE

Un atelier?

MAURICE

Oui, j'ai un petit atelier où je répare des pianos.

ÈVE-MARIE

Tu répares des pianos?

MAURICE

J'ai toujours été fasciné par le fonctionnement du piano, le mécanisme. C'est un métier que j'aime.

ÈVE-MARIE

(Un peu inconfortable.) Un métier?

MAURICE

Ai-je bien compris que tu ne donnerais plus de récitals?

ÈVE-MARIE

(Soulagée de changer de sujet.) Oui. De toute façon, les récitals sont passés de mode. Je préfère me consacrer aux enregistrements. C'est une façon d'immortaliser la performance, tu comprends?

MAURICE

Et dans un studio, il y a toujours moyen de corriger les petites erreurs, n'est-ce pas?

ÈVE-MARIE

Qu'est-ce que c'est que cette histoire de réparer des pianos?
Tu es concertiste, Maurice!

MAURICE

Je ne suis plus concertiste.

ÈVE-MARIE

Tu n'as pas cessé de jouer pour réparer des pianos? C'est
pas vrai.

MAURICE

On peut avoir autant de plaisir à reconstruire un
instrument que d'en jouer. Redonner la voix à un
instrument, c'est une façon comme une autre de créer de
la musique.

ÈVE-MARIE

Mais c'est de la folie! Prokofiev, Bach, Chopin… tu passais
de l'un à l'autre avec une aisance incroyable. Les journaux
ne cessaient de te comparer aux plus grands virtuoses!

MAURICE

La virtuosité… On croit que la virtuosité, c'est la prouesse
technique, «le jeu vertigineux du virtuose», comme disait
Proust… Au sens propre du mot, la virtuosité c'est la
recherche d'une interprétation pure et honnête…

ÈVE-MARIE

(S'adressant au public.) La musique pour Maurice n'avait
jamais été un sujet banal.

L'ADJOINTE

Mademoiselle Guérin?
        Ève-Marie se tourne vers l'adjointe.

ÈVE-MARIE

Oui, c'est moi!

23

L'ADJOINTE

Nous accusons un léger retard.

Ève-Marie se retourne vers Maurice qui est assis au piano. Il a maintenant dix-neuf ans.

Ève-Marie

Ça va! Ça va! J'ai tout l'après-midi!

L'ADJOINTE

Je vous demande pardon?

Ève-Marie

Quoi?… Non! Ça va, s'il y a du retard. Je n'ai que cela à faire, moi, attendre… hem..

L'ADJOINTE

Vous voudrez bien m'excuser.

Maurice

Nerveuse?

Ève-Marie

Pas du tout!

Maurice

(En riant.) Alors, pourquoi est-ce que tu n'arrêtes pas de tortiller ta partition comme ça? Elle ne sera plus lisible.

Ève-Marie

Je la connais par cœur.

Maurice

Pense à l'accompagnateur!

Ève-Marie

Et toi? Tu es nerveux?

Maurice

Très.

Elle rit.

ÈVE-MARIE

Tu te rends compte, Maurice, qu'il y a moins d'une semaine, on était encore au Canada?

Ils rient.

MAURICE

C'est de la sorcellerie. C'est la seule façon d'expliquer le phénomène. Comme par magie, on est transporté sur le continent de nos ancêtres! Ça donne le vertige. *(En regardant le piano.)* Et si je ne pouvais plus jouer?

ÈVE-MARIE

Qu'est-ce qui t'empêcherait de jouer?

MAURICE

(Taquin.) Je vois que mademoiselle ne s'y connaît pas en sciences. Il doit y avoir des effets secondaires à voyager d'un continent à l'autre à une telle vitesse. Six jours! Le corps humain s'adapte sûrement très mal à de tels dérangements.

ÈVE-MARIE

(Craintive.) Penses-tu que le voyage aurait eu un effet défavorable sur mes cordes vocales? Vas-y, joue un «la».

Maurice joue une note. Ève-Marie chante.

ÈVE-MARIE

«La». *(Soulagée.)* Ça va aller!

Il rit.

MAURICE

Tu es vite satisfaite.

Il joue le Prélude n° 2 *en do mineur de J.S. Bach.*

Ève-Marie improvise vocalement en superposant au prélude le thème de l'Invention n° 14 *en si bémol majeur de J.S. Bach. Le tout se termine en éclats de rires.*

Bravo! Je suis sincèrement impressionné!

ÈVE-MARIE

Maurice, je suis tellement heureuse d'être ici avec toi.
J'étais convaincue qu'un jour tous les deux, on étudierait
au Conservatoire de Paris.

MAURICE

Attends d'avoir auditionné avant de te vanter d'étudier ici.

ÈVE-MARIE

Je ne me serais jamais rendue jusqu'ici si je n'avais pas eu la
certitude d'y être acceptée.

MAURICE

Sais-tu ce que j'aime de toi? C'est ton optimisme! Tu as
l'optimisme innocent d'une enfant…

ÈVE-MARIE

Ce n'est pas flatteur!

MAURICE

Au contraire, c'est une très belle qualité que je te souhaite
de ne jamais perdre. Mais tu as la détermination d'une
adulte! Tu ne recules devant rien!

ÈVE-MARIE

La semaine dernière, je chantais à la messe dans notre petit
coin de Montréal, et aujourd'hui, je suis au Conservatoire
de Paris! L'Opéra est à quelques rues d'ici! *(Temps.)* Ce
matin je me suis levée tôt et je suis allée à l'Opéra.

MAURICE

Tu es allée à l'Opéra sans me le dire?

ÈVE-MARIE

Je ne pouvais pas résister. Mais quand je suis arrivée,
quand j'y suis entrée, je te jure que mes jambes ont faibli
et que mes genoux ont presque cédé. Je ne pouvais plus
avancer, je suis restée bouche-bée devant les lambris dorés
et la décoration somptueuse du hall d'entrée. *(Temps.)* Je
suis restée là, les pieds cloués au plancher de marbre, je ne

sais plus trop combien de temps. Je n'ai jamais rien vu d'aussi resplendissant! Tout à coup, j'ai entendu des calèches… une filée de calèches devant l'Opéra. Les cochers aidaient les dames à descendre, des femmes élégantes, ravissantes, enveloppées de la tête aux pieds dans des soies brodées d'or et d'argent. Elles défilaient devant moi, accompagnées d'hommes de la haute, distingués, tirés à quatre épingles, cossus et radieux. Ils arrivaient des quatre coins du monde pour entendre l'illustre cantatrice de renommée internationale, Ève-Marie Guérin, celle qu'on avait dénommée, «La voix du vingtième siècle».

On enchaîne avec l'intro de Una Voce Poco Fa *de Rossini.*

ÈVE-MARIE

Una voce poco fa
qui nel cor mi risuonò;
il mio cor ferito è già,
e Lindor fu che il piagò.
Si, Lindoro mio sarà, lo giurai, la vincerò.
Il tutor ricuserà,
io l'ingegno aguzzerò;
alla fin s'accheterà
e contenta io resterò.
Si, Lindoro mio sarà, lo giurai, la vincerò.

Ève-Marie chante: Il n'y a pas si longtemps, / une douce voix résonnait en moi. / Aujourd'hui j'ai le cœur meurtri / et c'est Lindoro qui en est la cause. / Oui, Lindoro sera mien, / quoi qu'il arrive, / je me le suis juré! / Quoi qu'en pense mon tuteur, / Dans mon ingéniosité, / je saurai le convaincre, / j'arriverai à mes fins.

Pendant ce temps, madame Riser est assise. C'est une vieille dame sèche qui s'appuie sur une lourde canne.

MADAME RISER

Vous avez une excellente technique, jeune fille, mais vous devriez chanter soprano!

ÈVE-MARIE

Pardon!

MADAME RISER

Mais oui, la légèreté, la rapidité dans l'exécution des arpèges, l'aisance dans l'aigu!

ÈVE-MARIE

On m'a toujours dit que j'étais mezzo, madame Riser!

MADAME RISER

Alors là, pas du tout! Vous êtes soprano.
> *Ève-Marie ne bouge pas.*

Au revoir, mademoiselle!

ÈVE-MARIE

Au revoir? Oui, oui, bien entendu. Au revoir!
> *Maurice joue avec brio le premier mouvement du* Concerto italien *de Bach pendant la scène qui suit.*

(Radieuse.) Soprano!

PÈRE

Je rangeais des livres et j'ai trouvé la boîte de partitions…

ÈVE-MARIE

Maurice a déjà reçu sa lettre du Conservatoire mais moi, je n'ai toujours rien reçu!

PÈRE

Je pensais que ce soir après le dîner nous pourrions… que je pourrais t'accompagner si ça te tentait…

ÈVE-MARIE

C'est bizarre que le Conservatoire n'ait pas envoyé les deux lettres en même temps. *(Temps.)* M'accompagner?

PÈRE

Oui, comme quand tu étais petite. Tu te rappelles, j'attendais que tu finisses la vaisselle?

ÈVE-MARIE

De la cuisine, je vous entendais feuilleter les partitions. Vous étiez tellement impatient! Parfois, je vous laissais attendre un peu, même si j'avais fini. Je continuais à faire du bruit dans la cuisine et au moment où je sentais que vous alliez vous lever, je partais à courir et je me glissais sur le banc sans rien dire.

PÈRE

(En riant.) Espiègle! Je te donnais toujours trois choix… Du bout du doigt, tu indiquais le morceau que tu préférais.

ÈVE-MARIE

Tout se passait dans le silence.

PÈRE

Une fois qu'on s'était mis d'accord, on prenait notre respiration en même temps…

ÈVE-MARIE

Votre main s'élevait lentement, gracieusement; elle hésitait un petit moment, puis redescendait sur les touches et. comme par magie, la musique jaillissait de vos doigts…
Temps.

PÈRE

Pourquoi dois-tu aller étudier si loin?

ÈVE-MARIE

Parce que le Conservatoire de Paris est la meilleure école au monde!

PÈRE

Tu pourrais continuer tes études ici, avec monsieur Buels.

ÈVE-MARIE

Monsieur Buels a travaillé très fort pour que je puisse auditionner au Conservatoire. C'est lui qui m'a encouragée à poursuivre mes études en chant là-bas.
Silence. Le père sort une enveloppe froissée de sa poche. Il ouvre l'enveloppe et lit la lettre.

PÈRE

«Cher Monsieur Guérin… Il me fait plaisir de vous annoncer que nous acceptons votre fille Ève-Marie…»

ÈVE-MARIE

Vous avez reçu la lettre? Quand? *(Elle prend la lettre et lit.)* «…votre fille Ève-Marie… beaucoup de talent.» Papa, vous vous rendez compte de ce que cela signifie? On m'accepte au Conservatoire de Paris! Vous saviez que j'attendais cette lettre-là depuis des mois! Pourquoi m'avoir caché la bonne nouvelle?

Temps.

PÈRE

Je me disais que peut-être en gardant la lettre dans ma poche, je pourrais te garder près de moi plus longtemps. (*Temps.*) Il y a de très bonnes écoles à New York.

ÈVE-MARIE

Pourquoi est-ce que j'irais à New York quand j'ai la chance d'aller étudier à Paris?

PÈRE

Tu as énormément de talent, ma chérie, mais tu choisis une vie difficile où il n'est pas toujours question de talent.

ÈVE-MARIE

Et vous pensez que ça serait moins éprouvant à New York?

PÈRE

Non, mais tu serais moins loin si jamais tu trouvais ça trop difficile.

ÈVE-MARIE

Vous pensez que je suis pas capable d'y arriver, c'est ça?

PÈRE

Je ne voudrais pas que tu sois déçue, c'est tout.

ÈVE-MARIE

Quand j'étais petite, j'étais fière de dire à mes amies que mon père était concertiste. Je leur disais que vous étiez le meilleur pianiste au monde. J'aimais tellement ça vous écouter jouer! Des airs de Schubert, Chopin, Beethoven, Mozart résonnaient dans la maison. Comme j'aimais ça vous entendre jouer Mozart! Et un jour, sans explication, vous avez cessé de jouer.

PÈRE

L'université m'avait offert un poste… Je n'avais plus le temps de répéter…

ÈVE-MARIE

Et maman? Est-ce qu'elle était d'accord que vous cessiez de donner des concerts?

PÈRE

Elle n'attendait que cela! Ta mère était convaincue qu'un musicien n'arriverait jamais à faire vivre une famille. Au fond, elle avait raison… j'imagine.

ÈVE-MARIE

Ça vous a suffi?

PÈRE

Ma famille était plus importante. Elle l'est encore.

ÈVE-MARIE

Depuis la mort de maman, je vous regarde tourner en rond dans la maison, comme un corps sans âme. Maman a éteint la musique en vous, et maintenant qu'elle n'y est plus, vous vous retrouvez les mains vides. Elle a piétiné votre rêve comme un vieux tapis, et maintenant vous faites pareil avec moi. Vous n'aviez pas assez confiance en vous et là, vous n'avez pas plus confiance en moi!

PÈRE

Tu ne sais pas ce que tu dis.

ÈVE-MARIE

Un piano dont on ne joue plus n'est que du bois et du métal: un meuble où s'amassent des bibelots, des photos et des souvenirs. Je n'ai pas l'intention de me réveiller un jour et de me dire «j'aurais donc dû»!

On entend une sirène de bateau. Les passagers débarquent d'un navire. Un des passagers, Gustav Schmidt, est interpellé par des journalistes.

JOURNALISTE 1

Monsieur Schmidt! Quand prévoyez-vous lancer les navires allemands?

JOURNALISTE 2

Monsieur Schmidt! Les navires allemands Europa et Vaterland sont-ils en chantier?

GUSTAV SCHMIDT

Les dates n'ont pas encore été confirmées, mais soyez assurés que…

JOURNALISTE 1

Monsieur Schmidt, savez-vous que les navires anglais Olympic et Titanic dépasseront les 46 000 tonneaux?

GUSTAV

Bien entendu! Mais ce n'est qu'un détail. Évidemment, le port en lourd de l'Europa sera plus considérable que celui de l'Olympic, mais c'est l'attention portée aux détails et le soin avec lequel nous construisons ces navires qui feront la différence. Vous comprendrez qu'il ne s'agit pas uniquement de tonnage.

JOURNALISTE 1

(En écrivant dans un calepin.) Gustav Schmidt a déclaré que les navires allemands seront considérablement plus longs que les navires britanniques. Le célèbre architecte naval de la Hambourg-Amerika Lines assure qu'il a barre sur ses rivaux anglais et que l'Allemagne dominera le marché transatlantique.

Ève-Marie, son père et Maurice débarquent du bateau.

PÈRE

Ta tante Irène devrait être ici pour nous rencontrer. Il y a tellement de gens que je n'arrive pas à l'apercevoir..

Ève-Marie est piquée de curiosité par l'attention que les journalistes portent à Gustav Schmidt.

ÈVE-MARIE

Je me demande qui est cet homme.

MAURICE

Il était assis à la table du capitaine au dîner l'autre soir.

ÈVE-MARIE

J'avais remarqué.

PÈRE

Irène! Irène! Par ici!

Irène entre. C'est une femme entre deux âges, une Québécoise qui a «attrapé» l'accent parisien.

ÈVE-MARIE

Ma tante! Ma tante!

IRÈNE

Mon Dieu! Ève-Marie! *(Elles s'embrassent.)* Je craignais de ne pouvoir vous retrouver dans cette foule. *(Elle embrasse le père.)* Richard! Comment vas-tu?

PÈRE

Tu sais comme je déteste voyager. Et toi, la santé est bonne?

IRÈNE

Je me porte merveilleusement bien! De toute façon, inutile de se plaindre quand ça va mal, personne n'écoute. La traversée n'a pas été trop pénible?

PÈRE

Ça été un peu long.

ÈVE-MARIE

J'avais tellement hâte de vous revoir!

IRÈNE

Viens ici que je t'embrasse. Mon Dieu, couvre-toi! Tu vas prendre froid!

ÈVE-MARIE

Ma tante, c'est l'été!

IRÈNE

Peu importe, c'est frais au bord de l'eau. *(S'adressant à Maurice.)* Et qui est ce beau jeune homme?

ÈVE-MARIE

Tante Irène, je vous présente Maurice Kleinman. Il est pianiste.

IRÈNE

Owe har you? Hi'm enchanted to meet you! *(S'adressant à Ève.)* Tu vois, je me débrouille très bien en anglais. *(S'adressant à Maurice.)* Je vous souhaite la bienvenue en France, jeune homme.

MAURICE

Je tiens à vous remercier de m'accueillir chez vous, madame von Stross. Sans vous, je n'aurais jamais pu me permettre de venir étudier à Paris.

IRÈNE

Mais, votre français est très bon pour un Anglais!

ÈVE-MARIE

Ma tante!

MAURICE

Et votre français est excellent pour une Canadienne!

ÈVE-MARIE

Maurice!

> *Ils rient tous. Irène n'est pas certaine de comprendre la blague.*

IRÈNE

Mais, il est charmant, ce jeune homme! Je suis désolée d'avoir été absente lors de votre première visite à Paris. *(En prenant Maurice par le bras.)* Ça va faire du bien d'avoir un homme à la maison.

Le regard de Gustav croise celui d'Ève-Marie. Il la salue.

ÈVE-MARIE

Il m'a souri!

MAURICE

C'est la première fois que je te vois rougir, Ève-Marie Guérin.

ÈVE-MARIE

Ma tante, qui est cet homme? Il était à bord du Mauritania avec nous.

IRÈNE

C'est Gustav Schmidt, l'héritier de la fortune des Industries Schmidt.

Ils sortent tous à l'exception de Gustav. Fritz entre avec des plans.

GUSTAV

Fritz!

FRITZ

Monsieur Schmidt?

GUSTAV

Saviez-vous que les navires anglais en chantier depuis deux mois excéderont les 46 000 tonneaux?

FRITZ

Les navires de la White Star excéderont 46 000 tonneaux? Hem… Non… Je… je l'ignorais.

GUSTAV

Nous devons réviser les plans de l'Europa, du Vaterland et du Bismarck.

FRITZ

Nous serons prêts à entreprendre les travaux dans moins de deux mois! Il est trop tard pour réviser les plans!

GUSTAV

Écoutez, mon cher Fritz. Le Mauritania a gagné le «Ruban Bleu» dès sa première traversée. Impossible de battre ce record de vitesse. Par contre, comme je viens de passer cinq jours d'enfer dans cette boîte à sardines, j'en conclus que les navires anglais sont rapides, certes, mais peu confortables. J'ai conçu l'Europa croyant qu'il serait le plus prestigieux navire sur mer. Mais ces enculés à la White Star construisent maintenant des navires encore plus imposants que l'Europa! Il n'est pas question que les Anglais nous surpassent encore une fois!

FRITZ

Mais modifier les plans alors que l'échéance…

GUSTAV

L'Olympic mesurera 270 mètres. Il est essentiel que l'Europa en mesure plus de 275 et qu'il excède 50 000 tonneaux. Vous avez deux mois, Fritz… Le Kaiser lui-même a très confiance en vous.
Gustav sort. Fritz se tourne vers les dessinateurs.

FRITZ

(En criant.) Arrêtez!
Irène entre, suivie d'Ève-Marie.

IRÈNE

Dépêche-toi, tu vas être en retard! Maurice est en bas qui attend!

ÈVE-MARIE

Est-ce que je parle comme une habitante?

IRÈNE

Une habitante? Mais non! Pourquoi poses-tu une telle question?

ÈVE-MARIE

J'ai entendu une des filles du Conservatoire imiter ma
façon de parler.

IRÈNE

Ma pauvre petite chouette… Quand je suis arrivée ici, je
me sentais tout aussi dépaysée que toi. J'ai rencontré mon
mari alors que je n'étais qu'un peu plus âgée que toi. Je ne
connaissais personne à Paris quand j'y suis arrivée. Et moi
aussi, on a ri de moi. J'étais la petite Canadienne. Mais, tu
vois, je n'ai rien changé. Je suis fière d'être qui je suis et je
ne changerai pas. Ne t'inquiète pas de ce que les gens
pensent ou de ce qu'ils disent.

ÈVE-MARIE

Elles disaient qu'une paysanne pourrait, avec beaucoup de
chance, peut-être, un jour, chanter dans les chœurs!

IRÈNE

J'ai appris, il y a longtemps, que ce sont toujours les plus
envieux qui ridiculisent les autres.

ÈVE-MARIE

Jamais je ne chanterai dans les chœurs.
Ève-Marie travaille sa prononciation.
Bonjour, madame Riser. Bonjour, madame Riser…

MADAME RISER

(Elle parle très lentement.) Jeune fille!

ÈVE-MARIE

(Prononçant en québécois.) Oui, madame Riser?
Hem… *(Prononçant à la française.)* Riser.

MADAME RISER

Vous savez qu'il n'est pas dans nos habitudes d'accepter des
candidats provenant de… l'étranger.

ÈVE-MARIE

Oui, et je vous en suis très reconnaissante. Le semestre est presque terminé et je n'ai malheureusement pas eu l'occasion de vous remercier…

Madame Riser lève la main lentement, indiquant à Ève-Marie de se taire.

Pardon, madame Riser.

Madame Riser relève la main. Ève-Marie se tait.

MADAME RISER

Vous savez qu'il n'est pas dans nos habitudes d'accepter des candidats provenant de l'étranger. Nous avons fait une exception pour vous…

ÈVE-MARIE

Et Maurice Kleinman…

Madame Riser ferme les yeux. Elle déteste se faire interrompre.

Pardon.

MADAME RISER

Vous devriez suivre l'exemple de votre compatriote. Son engagement pour la musique dépasse la technique. Il joue avec âme, lui. Alors que vous, bien que votre voix soit riche et d'une grande étendue, votre interprétation manque de profondeur. Ce n'est pas tout que d'avoir une belle voix. Une chanteuse doit être en mesure de tirer plusieurs couleurs de sa voix au profit de l'interprétation de la musique. Le compositeur écrit les notes, certes, mais c'est à l'interprète de leur donner le souffle de vie. Il faut lire entre les lignes, jeune fille.

Madame Riser lève la main avant qu'Ève-Marie ait la chance de parler.

Je n'aime pas être déçue, jeune fille.

ÈVE-MARIE

Oui, madame Riser.

MADAME RISER

Jeune fille!

ÈVE-MARIE

Oui, madame Riser?

MADAME RISER

N'oubliez pas de refermer la porte en sortant.

ÈVE-MARIE

Bien, madame Riser.
(S'adressant au public.) La vieille chipie! Jamais je ne m'étais sentie aussi humiliée!! Elle m'avait parlé comme à une enfant d'école. Ça m'étonne encore qu'elle ne m'ait pas retenue après les cours pour me faire écrire cent fois au tableau noir «Je chanterai avec émotion! Je chanterai avec émotion!!»

MAURICE

Mais, qu'est-ce qui s'est passé?

ÈVE-MARIE

Madame Riser, la vieille sèche, a dit que je n'avais pas d'âme. Elle ne te dirait jamais cela à toi! *(En imitant madame Riser.)* «Vous devriez suivre l'exemple de votre compatriote. Il joue avec âme, lui...»

MAURICE

Elle a dit ça?

ÈVE-MARIE

Tu es d'accord avec elle?
Maurice ne répond pas tout de suite.
Maurice?

MAURICE

Qu'est-ce qu'elle t'a dit, exactement?

ÈVE-MARIE

Elle a dit que mon interprétation manquait de profondeur.

MAURICE

Elle ne t'a donc pas dit que tu n'avais pas d'âme!

ÈVE-MARIE

C'est ce que ça voulait dire.

MAURICE

Tout ce que ça veut dire, c'est que parfois, tu n'habites pas la musique que tu chantes.

ÈVE-MARIE

Donc, tu es d'accord avec elle?

MAURICE

Je n'ai rien dit de la sorte!

ÈVE-MARIE

Mais je travaille fort! Je suis toujours la première arrivée et, souvent, la dernière à partir. Quand je travaille avec l'accompagnateur, je me sens en contrôle, je suis à l'aise, confiante. Mais quand je chante devant la vieille corneille, je perds tous mes moyens. J'ai peur qu'elle m'arrête à chaque note que je chante.

MAURICE

C'est ça ton problème. Tu es trop concentrée sur toi, ou sur ce que madame Riser va dire ou penser.

ÈVE-MARIE

On dirait que je ne comprends pas ce qu'elle veut.

MAURICE

Parce que tu cherches trop à comprendre!

ÈVE-MARIE

Qu'est-ce que ça veut dire?

MAURICE

Il ne suffit pas de comprendre la musique intellectuellement. Parfois, il s'agit tout simplement d'en prendre conscience.

ÈVE-MARIE

Mais j'en suis consciente, puisque j'ai le sentiment de ne jamais arriver à donner ce qu'elle veut.

MAURICE

Je m'exprime mal. Tu dois devenir la musique… Non, c'est pas ça…

ÈVE-MARIE

Arrête de parler en parabole! J'ai besoin d'aide. Madame Riser va me mettre à la porte du Conservatoire.

MAURICE

À quoi penses-tu quand tu chantes?

ÈVE-MARIE

Je pense à la justesse des notes, au rythme… Je visualise la partition dans ma tête et…

MAURICE

Et le personnage? Penses-tu à ce que veut le personnage?

ÈVE-MARIE

Le personnage veut chanter.

MAURICE

Non, c'est toi qui chantes! Le personnage désire quelque chose, et il exprime ce désir à travers la musique. Comme pianiste, c'est un peu différent. Je n'ai pas de personnage à jouer, mais je dois me livrer à la musique comme tu dois te livrer au désir du personnage. Par exemple, quand je joue le *Clair de Lune* de Debussy, je m'imagine à l'entrée d'une immense forêt la nuit.

ÈVE-MARIE

Qu'est-ce qu'une forêt vient faire là-dedans?

MAURICE

Sers-toi de ton imagination! Je ne peux pas jouer si je pense à la technique, à mes doigts sur les touches, au tempo de la pièce en question. Je dois m'abandonner au mouvement, me retirer, me détacher physiquement de l'instrument et me laisser transporter vers un lieu à part. (*Il joue le* Clair de Lune *de Debussy.*) Quand je joue Debussy, je me représente une forêt dans ma tête, j'y entre lentement, et, petit à petit, la musique se fait entendre: un hibou, le vent dans les branches, mes pieds sur les brindilles, les rayons de lumière qui donnent une lueur aux feuilles. La musique m'envahit comme le fait la forêt quand j'y pénètre. Je n'habite plus la forêt, j'en fais partie. Je m'efface. Il n'y a que la musique. Je ne sais pas si tu peux comprendre… *(Il cesse de jouer.)* Pour chanter certains airs d'opéra, ça prend une technique solide, je te le concède. Mais tu dois aussi t'y abandonner, plonger, aller au-delà de la surface. Il faut trouver le calme en soi et puis se livrer à la danse qui existe à l'intérieur. Tu dois devenir le personnage.

ÈVE-MARIE

Je risque d'avoir l'air ridicule.

MAURICE

L'air ridicule comment?

ÈVE-MARIE

Si je me perds parce que je suis trop prise par l'émotion?

MAURICE

Ça ne serait peut-être pas mauvais! Qu'est-ce que tu es en train de travailler en ce moment?

ÈVE-MARIE

Mozart! «Ach Ich Fühl's» de *La Flûte enchantée.*

MAURICE

Mais ça fait des mois que tu répètes cet air. Tu devrais pouvoir l'interpréter sans même y penser!

ÈVE-MARIE

Je n'y arrive pas, je te dis. Avec madame Riser qui… Elle ne me regarde même pas…

MAURICE

Parce qu'elle écoute! Tu connais cet air, tu le connais par cœur, il fait déjà partie de toi. Aies confiance en toi, pense au personnage, pense à Pamina qui souffre. Sers-toi des émotions que madame Riser fait ressortir en toi. Oublie le travail et amuse-toi.

Il joue l'introduction de «Ach Ich Fuhl's».

ÈVE-MARIE

Je dois m'amuser? Mais Pamina souffre!

MAURICE

Tais-toi et chante.

ÈVE-MARIE

Je dois m'amuser.

Ève-Marie chante « Ach Ich Fuhl's », extrait de Die Zauberflöte *de Mozart.*

Ach, ich fühl's,
es ist verschwunden,
ewig hin mein ganzes Glück,
ewig hinder Leibe Glück.

Ève-Marie chante: Oh, je cède à la peine / et à la douleur. / Le plaisir de l'amour à jamais s'est envolé. / Le plaisir de l'amour à jamais s'est envolé. Madame Riser lève la main pour l'interrompre. Ève-Marie reste concentrée.

MADAME RISER

Ne vous en tenez pas qu'aux notes, jeune fille! Rappelez-vous la force du personnage. Pamina est une femme d'une grande maturité malgré son jeune âge. Ne l'oubliez pas. Il faut donc sentir toute la souffrance de Pamina dans cette aria. Car c'est de cette souffrance que naîtra la sagesse qui l'aidera à traverser les épreuves du feu et de l'eau, dans sa quête de la vérité.

D'un geste de la main, madame Riser l'invite à reprendre.

ÈVE-MARIE

Nimmer kommt ihr,
Wonnestunden,

meinem Herzen mehr zurück,
meinem Herzen meinem
Herzen mehr zurück.

> *Ève-Marie chante: Et avec lui / La joie et l'allégresse. / En mon cœur*
> *s'installe l'obscurité du deuil. / En mon cœur s'installe l'obscurité du deuil.*
> *Madame Riser lève la main. Ève-Marie lutte contre la frustration qu'elle*
> *ressent.*

MADAME RISER

Ne tombez pas dans l'exagération du style. On compare
souvent la musique de Mozart à de la dentelle fine: il n'y a
rien de plus faux! Mozart doit être interprété avec autant
de passion et de profondeur que Bellini. *(Temps.)* Ne
laissez pas tomber la voix en fin de phrase. Méfiez-vous, il
ne faut pas ralentir dans la vocalise «Herzen». La voix
humaine, contrairement à un instrument, se fatigue, alors
prenez l'habitude de vous exercer mentalement quand
vous repasserez ces vocalises. Continuez.

ÈVE-MARIE

Sich, Tamino,
diese Tränen fliessen…

> *Ève-Marie chante: Vois, Tamino, / Vois ma douleur…*
> *Madame Riser lève la main.*

MADAME RISER

Faites ressortir davantage les voyelles. Plus les voyelles
seront pures, plus la voix sera soutenue. En allemand, il
faut éviter de trop appuyer les sons gutturaux et d'étirer les
finales.

ÈVE-MARIE

Sich, Tamino,
diese Tränen fliessen, Trauter,
dir allein, dir allein,
fühlst du nicht der Liebe Sehnen,
der Liebe Sehnen,
so wird Ruhe, so wird Ruh im Tode sein,

fühlst du nicht der Liebe Sehnen,
fühlst du nicht der Liebe Sehnen,
so wird Ruhe, so wird Ruh im Tode sein,
so wird Ruh im Tode sein,
im Tode sein.

> *Ève-Marie chante: Vois, Tamino, / Vois ma douleur, / Regarde ces larmes qui coulent / Pour toi, mes larmes coulent pour toi / Et si tu ne te languis pas de moi, / Et si tu ne te languis pas de moi, / Je ne trouverai alors la paix que dans la mort, / Je ne trouverai alors la paix que dans la mort, / Et dans elle seule.*
> *Madame Riser lève la main.*

MADAME RISER

À la fin de l'aria, n'oubliez pas que Pamina est convaincue qu'elle ne trouvera le repos que dans la mort. Mettez en valeur ce sentiment quand vous chantez «im Tode sein». Et dans ce passage, donnez aux notes graves, particulièrement le do dièse, leur pleine sonorité, pour appuyer son désespoir. Reprenez à partir de «Sich, Tamino».

> *Ève-Marie s'apprête à chanter, madame Riser lève encore une fois la main.*

Vous avez respiré au mauvais moment. Reprenez.

> *Ève-Marie lutte contre le découragement, mais enfin elle se laisse emporter par la musique.*

ÈVE-MARIE

Sich, Tamino,
diese Tränen fliessen, Trauter,
dir allein, dir allein,
fühlst du nicht der Liebe Sehnen,
der Liebe Sehnen,
so wird Ruhe, so wird Ruh im Tode sein,
fühlst du nicht der Liebe Sehnen,
fühlst du nicht der Liebe Sehnen,
so wird Ruhe, so wird Ruh im Tode sein,
so wird Ruh im Tode sein,
im Tode sein.

> *Ève-Marie chante: Vois, Tamino, / vois ma douleur. / Regarde ces larmes qui coulent pour toi. / Mes larmes coulent pour toi / Et si tu ne te languis*

pas de moi, / Et si tu ne te languis pas de moi, / Je ne trouverai alors la paix que dans la mort, / Je ne trouverai alors la paix que dans la mort, / Et dans elle seule.

MAURICE

Je ne t'ai jamais entendue chanter comme ça!

Ému, Maurice s'approche d'elle et la prend dans ses bras.

ÈVE-MARIE

Tu as entendu? Tu les as entendus applaudir?

Ils rient.

GUSTAV

(En applaudissant.) Bravo! Bravo, mademoiselle! Bravo! Vous chantez avec tellement d'émotion! Pour un petit moment, je me suis cru mort et rendu au ciel. Je n'ai jamais entendu une telle voix.

ÈVE-MARIE

Vous êtes bien gentil.

GUSTAV

Permettez-moi de me présenter. Je m'appelle Schmidt…

ÈVE-MARIE

Gustav Schmidt. Oui, je sais. Enchantée de faire votre connaissance.

GUSTAV

Quel bel accent! Vous n'êtes pas française?

ÈVE-MARIE

Non!… Je… Je suis canadienne!

GUSTAV

Mais oui! Les colonies.

ÈVE-MARIE

Oui, c'est ça. La colonie.

GUSTAV

Quelle heureuse coïncidence de vous revoir ici!

ÈVE-MARIE

Mais c'est moi qui suis étonnée de vous voir ici au
Conservatoire, monsieur Schmidt!

GUSTAV

J'assiste à toutes les premières du Conservatoire. Ma
famille contribue généreusement aux arts de la scène. Nous
avons créé un prix d'excellence pour la meilleure interprète
en chant lyrique. Peut-être que vous serez lauréate de ce
prix un jour! Vous avez beaucoup de talent, vous savez.

ÈVE-MARIE

Vous croyez?

GUSTAV

Ne soyez pas si modeste.

ÈVE-MARIE

Je vous remercie du compliment! Mais vous devez
m'excuser, il est tard et on m'attend.

GUSTAV

Permettez-moi de vous accompagner.

ÈVE-MARIE

Vous êtes bien aimable! Mais non, j'ai déjà quelqu'un qui
m'accompagne.
Gustav remarque Maurice.

GUSTAV

Ah! Je comprends! Une autre fois peut-être?

ÈVE-MARIE

C'est ça. Une autre fois.

GUSTAV

Au revoir, chère demoiselle! Et que les anges n'arrêtent
jamais de caresser cette voix séduisante!
Gustav s'éloigne.

Maurice

Quel imbécile!

Ève-Marie

Il a tout de même un certain charme.

Irène

(En lisant le journal.) «Maladroite!»

Ève-Marie

Pardon?

Irène

«Maladroite.» On dit que la mise en scène de *La Flûte enchantée* est maladroite…

Ève-Marie

(En prenant le journal.) Qu'est-ce qu'on dit de moi? *(Ève-Marie lit.)* «…Ève-Marie Guérin, dans le rôle de Pamina, a une voix riche et d'une grande étendue… Cette production de *La Flûte enchantée*, mettant en vedette les étudiants de deuxième cycle en chant lyrique du Conservatoire de musique de Paris…» C'est tout?!

Irène

C'est bien! On dit que tu as une belle voix. Pourquoi es-tu déçue!

Ève-Marie

Aucune mention de mon interprétation!

Irène

Réjouis-toi, tu as reçu des fleurs… *(En lisant la carte qui accompagne les fleurs.)* …d'un monsieur… Schmidt. Gustav Schmidt?

Ève-Marie

Je l'ai rencontré hier soir au théâtre. Il est venu me féliciter. Au fait, il a fait la traversée avec nous. Vous vous rappelez, il était sur le quai?

de gauche à droite: Sébastien Bertrand, Louise Naubert, François Régis Klanfer

GUSTAV: Alors, faites-moi confiance et je ferai tout en mon pouvoir pour que se réalise votre rêve.

de gauche à droite: Louise Naubert, Richard Greenblatt

ÈVE-MARIE: Je quitte le Conservatoire. MAURICE: Je le sais.

de gauche à droite: *Éric Charbonneau, François Régis Klanfer, Louise Naubert, SébastienBertrand*

ÈVE-MARIE: On m'interdit de répondre à toute question avant la fin de l'enquête!

de gauche à droite: Sebastien Bertrand, Marie-Helene Fontaine, Lina Blais, Louise Naubert, Francois Regis Klanfer, Caroline Bard, Eric Charbonneau, Robert Godin

ÈVE-MARIE: Qu'est-ce qui justifie ce départ précipité?

52

IRÈNE

Pourquoi est-ce qu'il t'envoie des fleurs?

ÈVE-MARIE

Vous le connaissez bien?

IRÈNE

J'ai eu le plaisir d'assister à quelques soirées où monsieur Gustave Schmidt était l'invité d'honneur.

ÈVE-MARIE

Et qu'en pensez-vous?

IRÈNE

Il me rappelle mon défunt mari. Tu n'as pas répondu à ma question.

ÈVE-MARIE

Quelle question?

IRÈNE

Pourquoi est-ce qu'il t'envoie des fleurs?

ÈVE-MARIE

Je l'ignore. *(En lisant la carte.)* Il m'invite au bal du printemps!

IRÈNE

Au bal du printemps?
> Long moment entre les deux femmes. Puis, Ève-Marie écrit ce que lui dicte Irène.

ÈVE-MARIE

Cher M. Schmidt. J'apprécie énormément toute l'attention que vous me portez.

IRÈNE

Par contre…

ÈVE-MARIE

J'ai bien aimé les fleurs que vous m'avez envoyées…

Irène

Par contre…

Ève-Marie

Par contre…

Irène

(Dictant.) Par contre, j'ai eu beaucoup de difficulté à expliquer ça à ma tante…

Ève-Marie

(Hésitant.) …à ma tante…

Irène

…étant donné que…

Ève-Marie

…étant donné que…

Irène

…je suis…

Ève-Marie

…je suis…

Irène

…fiancée.

Ève-Marie

…fiancée?

Irène

Fiancée.

Gustav

(Tenant la lettre à la main.) C'est ce petit juif qui vous suit partout? Je dois vous dire que vous ne vous comportez pas comme une femme qui doit épouser qui que ce soit.

Ève-Marie

Je vous ferai remarquer, monsieur, que j'ai la ferme intention d'épouser ce «petit juif».

GUSTAV

Si vous êtes bel et bien promise en mariage, pourquoi ne portez-vous pas une alliance?

ÈVE-MARIE

Parce que… parce que… La nourriture ici a fait engraisser mes doigts et j'ai dû l'enlever et la faire agrandir par un bijoutier!

GUSTAV

Jeune dame, vous me faites énormément de peine en me racontant de tels mensonges.

ÈVE-MARIE

Je vous assure monsieur que…

GUSTAV

Inutile d'insister! Le bal du printemps est une occasion en or de rencontrer des gens qui pourraient influencer la carrière d'une jeune femme de votre talent. J'avais simplement l'intention de vous les présenter. Vous savez, ma famille contribue généreusement aux Opéras de Paris et de Berlin. Le directeur du Metropolitan Opera de New York est un ami de mon père…

ÈVE-MARIE

(En parlant très vite.) C'est ma tante qui m'a obligée à vous écrire cette lettre! Vous aviez deviné juste, je ne suis pas fiancée!

GUSTAV

Alors, pourquoi ce subterfuge?

ÈVE-MARIE

Ma tante me croit trop jeune pour aller au bal avec…

GUSTAV

Avec…?

ÈVE-MARIE

Je suis certaine que si je lui expliquais vos intentions…

IRÈNE

Tu penses vraiment que Gustav Schmidt s'intéresse à ta carrière?

ÈVE-MARIE

Je n'ai aucune raison de croire le contraire. Il est très gentil. C'est un homme charmant, vous savez.

Fritz entre.

GUSTAV

Non! Non! Non! Imbécile! J'ai dit 50 000 tonneaux!

FRITZ

Mais, monsieur Schmidt, j'ai refait les calculs quatre fois. Nous n'arriverons jamais au poids que vous exigez sans que le…

GUSTAV

Écoutez! Le navire est en construction depuis déjà six mois. Depuis ce temps, personne ici n'est parvenu à régler ce problème.

FRITZ

Si nous en augmentons le poids en le développant en hauteur, tout va basculer. C'est une règle fondamentale de la physique.

Maurice travaille la Fantasia n° 4 *de Mozart. Ève-Marie entre en catastrophe, vêtue d'une robe de bal.*

MAURICE

Tu es ravissante.

ÈVE-MARIE

(En l'embrassant sur la joue.) Je t'adore!

MAURICE

Je pourrais te consacrer quelques heures en fin de semaine si tu veux toujours revoir tes pièces obligatoires d'examen.

ÈVE-MARIE

Je regrette, je n'aurai pas le temps. Mais je te promets que je travaillerai avec toi la semaine prochaine. Ma tante, le cocher est là avec la voiture! Je vous attends en-bas!

Ève-Marie sort.

IRÈNE

(Entrant.) J'arrive! J'arrive!

Elle continue de se préparer devant la glace.

Toujours pressée, celle-là! Et toi, pas trop déçu de passer la soirée, seul, ici?

MAURICE

Ça va aller. Je dois me préparer pour mes examens.

IRÈNE

Je t'envie! J'aimerais bien mieux t'entendre jouer que d'aller à ce bal!

Elle l'embrasse en sortant.

Soirée mondaine. L'orchestre joue une valse. Ève-Marie et Irène entrent.

Gustav les accueille.

GUSTAV

Madame von Stross!

IRÈNE

Monsieur Schmidt...

GUSTAV

«Gustav»! Je vous en prie, appelez-moi Gustav!

IRÈNE

Monsieur Schmidt, comment allez-vous?

GUSTAV

Je suis ravi de vous revoir après tant d'années.

IRÈNE

Vous êtes très aimable, monsieur Schmidt, mais je ne suis ici que pour accompagner ma jeune nièce!

GUSTAV

Permettez-moi de vous offrir mes plus sincères condoléances. C'est avec chagrin que j'ai appris la nouvelle du décès de votre mari.

IRÈNE

Il est vrai qu'il partageait votre enthousiasme fanatique pour votre mère patrie.

Gustav s'incline et claque ses talons. Il offre le bras à Ève-Marie et la dirige vers la piste de danse. Ils dansent.

ÈVE-MARIE

Je dois vous avouer que je m'amuse beaucoup ce soir.

GUSTAV

Vous dansez merveilleusement. Vous dansez presqu'aussi bien que vous chantez! Dans *Die Zauberflöte*, je vous trouvais un peu, comment dit-on, «stiff»?

ÈVE-MARIE

Ah! Je ne connais pas ce mot!

GUSTAV

Vous savez, comme un bâton!

Elle s'arrête subitement.

ÈVE-MARIE

J'aimerais rentrer!

GUSTAV

Mais, qu'est-ce qu'il y a?

ÈVE-MARIE

Si vous croyez me charmer, vous vous y prenez très mal.

GUSTAV

Mais, qu'est-ce qui se passe? Je vous ai trouvée superbe dans *La Flûte Enchantée*!

ÈVE-MARIE

Inutile d'insister…

GUSTAV

Les autres chanteurs n'étaient pas de votre calibre!

ÈVE-MARIE

Vous dites?

GUSTAV

Sans vous, cela aurait été un échec total!

Ève-Marie le laisse poireauter un instant avant de reprendre la danse.

ÈVE-MARIE

Votre famille est très généreuse. Je me suis renseignée, votre famille a établi plusieurs prix d'excellence au cours des années.

GUSTAV

Vous vous êtes renseignée? Devrais-je comprendre que vous ne me croyez pas de bonne foi?

ÈVE-MARIE

Je voulais m'assurer que votre intérêt pour le chant lyrique était sincère et qu'il ne s'agissait pas d'un passe-temps qui vous donne l'occasion de rencontrer des jeunes femmes naïves et vulnérables comme moi.

Gustav rit.

GUSTAV

Vous allez devenir une grande chanteuse, Ève-Marie! Vous en avez le talent mais, plus important encore, vous en avez l'ambition. Si vous me le permettez, il me serait agréable de vous aider à réussir. *(Gustav rit de bon cœur.)* Les journaux vont beaucoup parler de vous, mais je doute sincèrement qu'ils utiliseront les termes «naïve» ou «vulnérable» pour vous décrire.

Gustav et Ève-Marie marchent tranquillement dans la rue, Irène n'est pas loin derrière.

ÈVE-MARIE

Peut-être que nous aurons la chance de nous revoir cet été?

GUSTAV

Je regrette, mais ce sera impossible. Voyez-vous, je quitte Paris la semaine prochaine.

ÈVE-MARIE

Vous quittez Paris?

GUSTAV

Oui! Je vais passer l'été en Angleterre.

ÈVE-MARIE

(Sans réfléchir.) Quelle coïncidence!

GUSTAV

Pardon!

> *Ève-Marie s'assure qu'Irène ne les entend pas.*

ÈVE-MARIE

Je dois me rendre à Londres pour étudier avec Albani.

GUSTAV

C'est comme si le destin nous précipitait l'un vers l'autre…

ÈVE-MARIE

(Comprenant qu'elle est allée trop loin.) Je vous assure, monsieur, que rien ne me précipite…

GUSTAV

Alors, c'est réglé, nous allons faire la traversée ensemble!

MADAME RISER

Mademoiselle Guérin, il m'est impossible de vous recommander pour des études à Londres avec Albani. Vous n'avez pas assez d'expérience…

ÈVE-MARIE

Et si j'obtenais une lettre?

MADAME RISER

Vous dites?

ÈVE-MARIE

Si j'arrivais à obtenir une lettre d'Emma Albani, seriez-vous prête à m'appuyer?

Elle lui montre la lettre.

MADAME RISER

Dans ce cas, peut-être pourrions-nous…

ÈVE-MARIE

Merci, madame Riser! Merci! Elle est canadienne, vous savez.

MADAME RISER

Qui ça?

ÈVE-MARIE

Albani! Elle est canadienne comme moi!

(S'adressant à Maurice.) C'est réglé, nous partons dans une semaine.

MAURICE

J'espère que l'expérience en vaudra la peine.

ÈVE-MARIE

Alors, tu ne viens toujours pas avec nous?

MAURICE

J'ai de la famille en Autriche que je n'ai jamais rencontrée. J'ai promis à mes parents que, si j'en avais la chance…

ÈVE-MARIE

Ça me fait drôle de partir sans toi.

MAURICE

Ah, oui? Ça me fait drôle de te voir partir.

ÈVE-MARIE

Ah, oui?

MAURICE

Tiens, je suis passé à la poste.

ÈVE-MARIE

(*Ouvrant une lettre.*) L'Opéra de Nice? (*Elle lit.*)
«Mademoiselle Guérin, …vous ai vue dans *La Flûte
enchantée.* Il me fait grand plaisir de vous offrir le rôle
d'Anna dans *Nabucco* de Verdi…» Maurice! Maurice! On
m'offre un rôle! On m'offre un rôle à l'Opéra de Nice!!
Elle lui saute au cou.

MAURICE

Alors, tu n'iras pas à Londres?

ÈVE-MARIE

Pourquoi est-ce que je n'irais pas à Londres?

MAURICE

(*Déçu.*) Ah… Je croyais que… Bon, laisse tomber…
*Ève-Marie tient la lettre d'Albani d'une main et de l'autre, celle de
l'Opéra de Nice.*

GUSTAV

Je vous ai emmenée ici parce que je voulais vous montrer
l'endroit qui m'est le plus cher au monde.

ÈVE-MARIE

Mais c'est magnifique! C'est comme une immense serre!

GUSTAV

C'est le Palais de Cristal. Quand j'étais jeune, mon grand-
père m'emmenait ici tous les dimanches. J'ai passé les plus
belles journées de ma vie ici sous ce plafond de verre.

ÈVE-MARIE

C'est si simple mais si beau comme structure.

GUSTAV

Le mariage du verre et de l'acier, la beauté fragile enchâssée
d'une volonté inébranlable.
Gustav la regarde.

ÈVE-MARIE

Qu'est-ce qu'il y a?

GUSTAV

Je regarde la lumière caresser votre joue. La lueur
tremblante du crépuscule vous donne l'allure d'une déesse.

ÈVE-MARIE

Rien de moins?

GUSTAV

Ces murs étaient ornés de sculptures de divinités féminines
évoquant la beauté et la fraîcheur de l'époque. J'ai reconnu
en vous ce même éclat la première fois que je vous ai vue.

ÈVE-MARIE

Je ne suis pas insensible à vos compliments, monsieur
Schmidt, mais vous comprendrez qu'une jeune femme ne
peut se laisser charmer par de simples flatteries.

Gustav rit.

GUSTAV

Vous allez droit au but.

ÈVE-MARIE

Ça vous déplaît?

GUSTAV

Au contraire, je ne vous en trouve pas moins charmante.
J'apprécie les tempéraments fougueux.

FRITZ

Nous accusons un léger retard.

GUSTAV

Un léger retard? Le projet est déjà en retard de trois mois.
Les Anglais ont lancé le deuxième et mis en chantier le
troisième de leurs colosses. Nous devons lancer l'Europa
avant le voyage inaugural du Titanic.

ÈVE-MARIE

Il est temps que je rentre à Paris.

GUSTAV

Je croyais que vous deviez rester ici encore deux semaines.

ÈVE-MARIE

Je dois me préparer pour la saison prochaine. Il m'est impossible de rester plus longtemps.

FRITZ

Impossible de lancer l'Europa avant le Titanic!

GUSTAV

Impossible? Impossible? Rien n'est impossible!

FRITZ

Chaque fois que nous arrivons à prendre de l'avant sur ce foutu projet, on nous envoie des modifications aux plans qui nous mettent des bâtons dans les roues.

GUSTAV

Le Kaiser lui-même a spécifié que…

FRITZ

Je n'en ai rien à foutre du Kaiser! Je doute sérieusement que le Kaiser lui-même ait spécifié que les cheminées devront mesurer plus de vingt et un mètres. C'est absurde! En ajoutant des cheminées de cette taille, on déséquilibrera davantage le navire.

GUSTAV

Mon cher Fritz, le Kaiser lui-même a démontré un intérêt particulier dans ce projet. Il est très important de montrer à nos petits cousins anglais que l'Allemagne est supérieure au plan technologique.
(S'adressant à Ève-Marie.) Mais nous avons à peine eu le temps de nous connaître.

ÈVE-MARIE

Je suis désolée, monsieur Schmidt…

GUSTAV

Je vous en prie, appelez-moi Gustav.

ÈVE-MARIE

Je suis désolée, Gustav. Je dois vous avouer que je quitte
Londres un peu désillusionnée. À Paris, vous débordiez
d'enthousiasme, vous parliez d'un avenir prometteur, mais
depuis que nous sommes à Londres, il n'a pas été une seule
fois question d'opéra.

FRITZ

Le navire est instable! De plus, on risque de mettre la vie
des passagers en danger.

GUSTAV

Est-ce que le navire respecte les normes édictées par le
Ministère?

ÈVE-MARIE

Je n'ai qu'un rêve, c'est d'interpréter les plus grands rôles
du répertoire classique. *(S'adressant au public.)* J'aurais
donné n'importe quoi pour réaliser ce rêve.

GUSTAV

Alors, faites-moi confiance et je ferai tout en mon pouvoir
pour que se réalise votre rêve.
(S'adressant à Fritz.) Le navire est-il conforme aux normes?

FRITZ

Oui. Mais ces normes n'ont pas été révisées depuis 1891
alors que le plus gros navire était cinq fois moins lourd que
l'Europa.

GUSTAV

Au pire, nous serons sanctionnés par le Ministère: un bien
petit prix à payer pour s'accaparer le marché
transatlantique!

ÈVE-MARIE

Si vous saviez ce que cela représente pour moi!

GUSTAV

Vous ne semblez pas comprendre ce que ce projet représente pour l'Allemagne!

FRITZ

Pour l'Allemagne, ou pour vous?

GUSTAV

(S'adressant à Ève-Marie.) Vous ne pouvez vous imaginer ce que ces derniers mois représentent pour moi… Dès la première fois que je vous ai vue à bord du Mauritania, je savais que nos destins se croiseraient.

ÈVE-MARIE

Je quitte Paris.

GUSTAV

Voyez vous, dernièrement, je me suis rendu compte que je… Que j'ai… commencé à m'attacher à vous… Je… Vous quittez Paris?

ÈVE-MARIE

Oui, le mois prochain.

GUSTAV

Et vos études au Conservatoire?

ÈVE-MARIE

L'Opéra de Nice m'offre un rôle pour la saison prochaine et j'ai décidé d'accepter.

GUSTAV

Écoutez-moi bien, Fritz. C'est moi l'architecte en chef ici et je vous ordonne de trouver une solution. Si vous en êtes incapable, je trouverai quelqu'un d'autre. Est-ce qu'on s'entend?

ÈVE-MARIE

J'ai bien réfléchi, je crois que c'est un choix prudent. De toute façon, je pourrais toujours retourner au Conservatoire l'année suivante.

GUSTAV

Laissez-moi vous dire autre chose, mon cher Fritz. Il n'est pas très prudent de dire que vous vous foutez du Kaiser. Les murs ont des oreilles, si vous me pardonnez l'expression. Avec une telle attitude, vous pourriez vous retrouver à réparer des chalands dans les fjords de Norvège. *(S'adressant à Ève-Marie.)* L'Opéra de Nice! L'Opéra de Nice! Qu'allez-vous faire à l'Opéra de Nice?

ÈVE-MARIE

On m'a offert le rôle d'Anna dans *Nabucco* de Verdi.

GUSTAV

(Riant.) Anna? Mais c'est un tout petit rôle! Et tous ces Juifs qui se lamentent! Qu'est-ce que l'Opéra de Nice quand je peux vous offrir Paris ou New York? *(S'adressant à Fritz.)* Une dernière chose: le Kaiser va annoncer le changement du nom de l'Europa. Dorénavant, le navire s'appellera l'Imperator.

FRITZ

Non! Mais c'est pas sérieux, l'Impérator?

ÈVE-MARIE

Vous m'offrez Paris?

GUSTAV

C'est très sérieux. Les Anglais ont l'Olympic, le Titanic, et maintenant le Gigantic est en chantier. Que serait l'Europa? Le Kaiser insistait pour que le nouveau navire porte un nom qui reflète la splendeur et la magnificence de l'Allemagne. *(S'adressant à Ève-Marie.)* Mais pourquoi pensez-vous que je vous ai invitée ici?

ÈVE-MARIE

Pour me faire visiter le Palais de Cristal.

GUSTAV

Ne plaisantez pas. Vous me troublez profondément.

ÈVE-MARIE

Je ne vois toujours pas à quoi vous voulez en venir.

GUSTAV

Vous hantez mes rêves depuis le bal du printemps. Je perds tous mes moyens quand je suis avec vous… Vous rêvez de chanter à New York, et bien le directeur du Metropolitan Opera est un grand ami de mon père.

ÈVE-MARIE

Je ne peux risquer de perdre l'occasion de chanter à l'Opéra de Nice pour des promesses!

GUSTAV

Alors, épousez-moi!
(S'adressant à Fritz.) Un dernier détail, Fritz: l'Impérator devra mesurer 282,6 mètres.

FRITZ

282,6 mètres? La structure de l'Europa est terminée depuis des mois et mesure 277 mètres!

GUSTAV

Ces conards à la Cunard viennent d'annoncer que l'Aquitania mesurera 277,3 mètres! Trente centimètres, Fritz! Trente centimètres! Ce n'est pas beaucoup, mais c'est assez pour que ces enculés d'Anglais puissent se vanter de posséder le plus long navire à flot!

ÈVE-MARIE

Je dois admettre que je suis troublée par l'étendue de votre offre.

FRITZ

Trente centimètres?

GUSTAV

Je vous demande de m'épouser, Ève-Marie. Acceptez de
devenir ma femme et je vous décrocherai la lune!

FRITZ

C'est très ambitieux!

GUSTAV

Heureusement, j'ai eu une idée qui garantira que
l'Impérator sera irrévocablement le plus long navire.

FRITZ

Je ne vois pas comment nous pourrions rallonger l'Europa!

GUSTAV

Et bien, voilà, mon cher Fritz, ce qui fera toujours de vous
l'éternel adjoint. Les tâches importantes sont réservées à
ceux qui sont en mesure de les réaliser avec imagination et
subtilité.
Il déroule le croquis d'un aigle géant.

FRITZ

Mais, qu'est-ce que c'est?

GUSTAV

La figure de proue de l'Impérator! Rien de moins!

FRITZ

La figure de proue? Mais il n'y a pas eu de figure de proue
sur les navires depuis l'époque des voiliers!

GUSTAV

C'est ingénieux, vous ne trouvez pas?
Fritz examine le plan attentivement.

FRITZ

Ce monstre doit mesurer plus de cinq mètres?

GUSTAV

Cinq mètres six, Fritz! Cinq mètres six!

FRITZ

Vous parlez de subtilité, et vous proposes d'allonger le navire de plus de cinq mètres en y fixant un aigle géant à la proue?

GUSTAV

Oui! L'aigle impérial allemand, Fritz! L'aigle impérial allemand! Quel spectacle! Nous sommes à la veille de conquérir les océans, le monde entier, les cieux! L'Impérator est l'expression ultime de ce dont nous sommes capables.

ÈVE-MARIE

Je chanterai à l'Opéra de Paris?

GUSTAV

Je ferai de vous la plus grande chanteuse de notre époque, la plus célèbre! Vous étudierez dans les plus grandes écoles du monde! Vous allez interpréter les plus grands rôles du répertoire classique! *(S'adressant au monde entier.)* Nous sommes au début d'une ère où il sera possible de créer un paradis terrestre. Nous pourrons nous dispenser de Dieu car nous serons enfin maîtres de notre destin!!

MAURICE

Gustav Schmidt est un homme dangereux!

ÈVE-MARIE

Gustav m'a demandé de l'épouser.

IRÈNE

Tu n'as pas accepté?

ÈVE-MARIE

Nous avons déjà fixé la date. Je ne pourrai pas accepter l'offre de l'Opéra de Nice!

IRÈNE

Tu ne peux pas accepter sans consulter ton père! Il n'est jamais question de fiançailles sans que les parents…

ÈVE-MARIE

Papa a déjà été prévenu de mes intentions: il sera à la cérémonie.

IRÈNE

Tu laisses tout tomber. Comme ça?

ÈVE-MARIE

Je n'ai pas l'intention d'arrêter de chanter, ma tante. Au contraire, Gustav…

IRÈNE

Penses-tu vraiment que Gustav Schmidt a l'intention de te laisser poursuivre ta carrière?

ÈVE-MARIE

Il a promis de me présenter à tous les directeurs d'opéra en Europe.

IRÈNE

Depuis que tu es haute comme ça que tu rêves de chanter à l'opéra. Maintenant que tu en as la chance, tu laisses tout tomber pour cet homme!

ÈVE-MARIE

Savez-vous que sa famille est l'une des plus vieilles familles allemandes?

IRÈNE

Et l'une des plus riches!

ÈVE-MARIE

Qu'est-ce que vous insinuez?

IRÈNE

Tu ne l'aimes pas!

ÈVE-MARIE

Et vous, est-ce que vous l'aimiez, votre von Stross?
Temps.
Maurice joue la Valse opus 34 n° 2 en la mineur *de Chopin.*
Je quitte le Conservatoire.

MAURICE

Je le sais.

ÈVE-MARIE

Gustav m'a demandé de l'épouser…

MAURICE

Je le sais.
Temps.

ÈVE-MARIE

La force du destin.

MAURICE

De Verdi?

ÈVE-MARIE

Non. Je te parle de mon destin à moi! Jamais je n'aurais pensé quitter le Conservatoire après ma première année.

MAURICE

Tu pourrais rester.

ÈVE-MARIE

Est-ce que je peux me permettre de rater une telle occasion?
Maurice rit.

MAURICE

Ce n'est pas l'amour qui te motive!

ÈVE-MARIE

Qu'est-ce que tu en sais?

MAURICE

Tu t'es toujours arrangée pour obtenir ce que tu voulais, mais cette fois tu ne passes pas par quatre chemins.

ÈVE-MARIE

Gustav croit en moi. C'est un homme intelligent et ambitieux…

MAURICE

Je me demande ce que tu es venue faire à Paris.

ÈVE-MARIE

Je suis venue pour les mêmes raisons que toi. Pour apprendre!

MAURICE

Tu apprends vite!

ÈVE-MARIE

Ça te déplaît que j'épouse Gustav. Dis-le!

MAURICE

Que ça me plaise ou non importe peu, c'est ta vie. Je ne peux que te souhaiter tout le bonheur au monde, et avoir confiance que tu sais ce que tu fais.
Temps.

ÈVE-MARIE

Je veux chanter, Maurice! C'est pour ça que je suis venue à Paris, pour chanter!
Maurice la regarde un bon moment.

MAURICE

Les gens qui rêvent de créer des paradis doivent d'abord posséder le paysage qui les entoure, même s'ils doivent détruire les arbres pour y arriver. Prends garde, Ève-Marie.
Un long moment.

ÈVE-MARIE

Tu vas me manquer.
Maurice continue de jouer.

PÈRE

(S'adressant à Ève-Marie.) Tu as l'air triste.

ÈVE-MARIE

Mais non, je ne suis pas triste! Au contraire, je suis très heureuse.

PÈRE

(En la regardant.) Comme tu as vieilli depuis que tu vis à Paris. Tu étais encore une petite fille quand tu es partie; maintenant tu es une femme, mariée…

ÈVE-MARIE

Je n'oublierai jamais ce que j'ai ressenti pendant la cérémonie. Aux côtés de Gustav, alors que nous échangions nos vœux, je n'entendais que vous, au jubé, heureux de jouer pour mes noces. C'était comme quand j'étais petite et que vous m'accompagniez au piano.

PÈRE

Jouer de l'orgue à la cathédrale de Chartres pour toi… C'est le plus beau cadeau que tu aies pu m'offrir. Je n'ai plus peur de mourir maintenant, je sais ce que c'est que d'être au ciel.

Ève-Marie embrasse son père sur la joue.

GUSTAV

Nous devrions monter à bord du paquebot dans une vingtaine de minutes. Je me demande pourquoi nous avons été retardés. Il est presque dix-neuf heures!

ÈVE-MARIE

Qu'est-ce que ça peut bien faire que nous arrivions en retard à New York?

GUSTAV

Attendre pendant près de deux heures sur cette petite navette est insupportable! Encore une preuve de l'incompétence de ces Anglais à la White Star.

Ève-Marie se tourne et aperçoit le navire au large.

ÈVE-MARIE

Mon Dieu!

GUSTAV

Qu'est-ce qu'il y a?

ÈVE-MARIE

Du port, je n'aurais jamais imaginé la taille de ce navire.
Mais c'est une ville! C'est une véritable ville flottante!

GUSTAV

Ne t'inquiète pas. Crois-moi, il n'y a rien à craindre! Ce
navire est à la fine pointe de la technologie! Il est
insubmersible! Son seul défaut, c'est d'être anglais! *(Gustav
rit.)* Attends de voir l'Imperator: il est encore plus luxueux
et plus long!

> *Tous regardent le navire de bas en haut en renversant la tête de plus en
> plus vers l'arrière.*
> *Un Paper Boy entre avec son sac à journaux.*

PAPER BOY

(En criant.) Extra! Extra! Read all about it!
Titanic Hits Iceberg! Sinks off Grand Banks of
Newfoundland!
Massive Loss of Life
Extra! Extra! Read all about it!

> *Maurice arrête de jouer* la Valse *de Chopin. Il se lève et achète un journal
> du Paper Boy.*
> *L'orchestre joue un tango cauchemardesque.*

JOURNALISTE 1

Mrs. Schmidt! It is said the men aboard the Titanic
sacrificed their lives to save the women and children, is
that true?

ÈVE-MARIE

(Complètement déboussolée.) Pardon?… What?

JOURNALISTE 2

Madame Schmidt! Est-ce que votre mari est resté à vos côtés jusqu'à la fin?

ÈVE-MARIE

On m'interdit de répondre à toute question avant la fin de l'enquête!

JOURNALISTE 3

Madame Schmidt?

> *Une femme de la haute société entre.*

FEMME

Vous êtes bien Ève-Marie Schmidt, l'épouse de Gustav Schmidt, survivante du plus grand désastre maritime de l'histoire?

ÈVE-MARIE

Je suis Ève-Marie…

FEMME

Votre père et votre époux se sont sacrifiés tous deux pour assurer votre survie, n'est-ce pas?

ÈVE-MARIE

Mon père a été très courageux.

JOURNALISTE 1

(En écrivant dans un calepin.) «Women and children first!» was the call heard across the icy waves that fatefull night. That unwritten rule of the sea that cause men to stand aside in times of danger…»

FEMME

L'homme sera toujours le protecteur de la femme et nous devons en être reconnaissantes!

JOURNALISTE 1

«…It is a matter of courtesy extended by the stronger to the weaker of the sexes.»

ÈVE-MARIE

(Avec cynisme.) «L'homme sera toujours le protecteur de la femme»?

FEMME

Nous voulons élever un monument à la mémoire de votre époux et de tous les hommes qui se sont sacrifiés pour les femmes et les enfants lors du naufrage du Titanic.

ÈVE-MARIE

Que les hommes se soient sacrifiés pour les femmes n'est qu'un mythe! De plus, un mythe créé par les hommes!

FEMME

Dans notre volonté de rendre hommage à de tels héros, nous avons organisé un concert bénéfice…

UN ECCLÉSIASTIQUE

Madame. Vous êtes bien madame Schmidt?

ÈVE-MARIE

Qu'est-ce que vous me voulez?

UN ECCLÉSIASTIQUE

Hem… Bien… Madame Schmidt. Ah, oui… Voyez-vous… Lors de cette nuit d'enfer, la gloire de Dieu s'est manifestée dans le courage de ceux et de celles qui ont sacrifié leurs vies pour la survie d'autrui. Les riches comme les pauvres se sont mis à genoux, côte à côte, implorant Dieu… Vous êtes chanteuse?

ÈVE-MARIE

Je chante, en effet.

FEMME

Si vous aviez la bonté, madame, de chanter lors de notre soirée, nous sommes persuadés que…

Les interventions qui suivent sont dites en canon, pour finir en cacophonie.

Un ecclésiastique

Auriez-vous la bonté, madame, de chanter à la messe cette semaine?

Journaliste 1

Mrs. Schmidt, the *Chicago Tribune* has learned Republic Pictures is interested in doing a film based on your husband's life. Care to comment?

Un ecclésiastique

Nous sommes confiants que la présence d'une survivante de cet incident tragique et la veuve d'un tel héros nous aidera à renflouer nos caisses, pour la gloire de Dieu!

Journaliste 1

The *New York Times* will pay you $1 000 for an interview!

Journaliste 2

Le *Figaro* vous offre 5000f pour un interview!

Journaliste 3

La Presse de Montréal vous offre 5 000 $ pour publier votre histoire…

Femme

Madame Schmidt!?

Un ecclésiastique

Madame Schmidt?

Tous

Mrs. Schmidt?
Madame Schmidt?
Mrs. Schmidt?
Madame Schmidt?

Ève-Marie

(En criant.) Arrêtez!!

> *Maurice joue en concert* Fantasia n° 4 *de Mozart.*
> *Irène entre avec un journal.*

IRÈNE

Tu devrais changer de fenêtre ou regarder dans l'autre direction. Présente un autre profil, pense aux voisins.

Aucune réaction d'Ève-Marie.

Je pensais acheter de nouveaux rideaux. Si tu veux, je pourrais te faire tailler une robe dans le même tissu, comme ça tu pourrais disparaître complètement dans le décor.

Toujours pas de réaction d'Ève-Marie.

Si je décide de vendre l'appartement, devrais-je t'inclure avec les meubles?

ÈVE-MARIE

(Sans détourner son regard de la fenêtre.) Vous avez un talent particulier pour me casser les pieds, vous savez.

IRÈNE

Si ce n'est que pour me dire des bêtises, tu m'auras au moins adressé la parole une fois dans ta journée. Il y a peut-être de l'espoir.

ÈVE-MARIE

Ne vous sentez pas obligée de me divertir, je peux très bien me débrouiller toute seule.

IRÈNE

Je ne suis pas ici pour te divertir, crois-moi! Si j'avais su que j'allais passer mes journée entières à te regarder t'apitoyer sur ton sort, je n'aurais jamais quitté Paris.

ÈVE-MARIE

Rien ne vous retient ici! (*Temps. Puis, toujours sans se détourner de la fenêtre.)* Pardonnez-moi, ma tante... J'ignore ce que j'aurais fait si vous n'étiez pas venue me rejoindre.

Temps.

IRÈNE

Non, tu as raison. Après tout, qu'est-ce que je fais ici? Tu n'as plus besoin de moi. Tu ne sors plus, alors il n'y a plus aucun risque qu'on te sollicite pour quoi que ce soit. Tu n'as pas à t'en faire: toute cette histoire de naufrage est du passé. Personne n'en parle plus.

Ève-Marie

Vous dites?

Irène

Il est peut-être temps que je quitte New York.

Ève-Marie

Vous croyez vraiment que je pourrais sortir d'ici sans être appelée à défendre toutes ces prétendues grandes causes dignes de l'appui d'une survivante de ce maudit naufrage?

Irène

Ève-Marie, le monde est en guerre! Les gens ont d'autres préoccupations qu'Ève-Marie Schmidt.

Ève-Marie

Guérin! Ève-Marie Guérin!

Irène

Bon, si tu veux. Alors, Ève-Marie Guérin, qu'est-ce tu fais encore enfermée ici?

Ève-Marie

Je suis bien ici!

Irène

Je suis sérieuse, Ève-Marie, si tu ne sors pas de cet appartement lugubre, je plie bagages et je rentre en France.
Temps.

Ève-Marie

Et la guerre?

Irène

Je préfère tenter ma chance contre les Allemands que de mourir d'ennui ici!

Ève-Marie

Alors, que proposez vous que je fasse?

Irène

Tu peux chanter!

Ève-Marie

Il y a cinq ans que j'ai quitté le Conservatoire et je n'ai pas chanté depuis.

Irène

Tu pourrais y retourner.

Ève-Marie

Ce serait beaucoup trop humiliant!

Irène

Tu ne t'es pourtant jamais laissée contraindre par l'opinion des autres.

Ève-Marie

J'aurais l'air de quoi? Il faudrait que j'auditionne pour madame Riser, que je recommence au bas de l'échelle? Pas question!

Irène

Au bas de l'échelle! Tu as raison, ça serait mal vu que madame Schmidt partage la scène du Conservatoire avec des étudiants du premier cycle!

Ève-Marie

Je vous ai pourtant dit de ne jamais m'appeler Schmidt!

Irène

Ève-Marie, j'en ai assez de marcher sur des œufs autour de toi, de m'incliner devant tes sautes d'humeur et tes états d'âme. Tu croyais que le nom de Schmidt allait t'ouvrir des portes et maintenant, tu refuses de t'en servir.

Ève-Marie

Ça ne vous regarde pas!

IRÈNE

Bon, bien, si ça ne me regarde pas, je n'ai plus rien à faire ici! Tu te payes ma tête, Ève-Marie Schmidt ou Guérin ou je ne sais plus trop qui, tu l'as toujours fait et tu t'attends à ce que je reste ici jusqu'à ce que tu te décides de faire quelque chose de ta peau!

Temps.

ÈVE-MARIE

Quand j'ai compris que Gustav avait péri dans le naufrage, ça m'a soulagée.

IRÈNE

Soulagée?

ÈVE-MARIE

On me sollicite de toutes parts pour que je témoigne du désastre, mais je n'ai rien vu! *(Temps.)* Le soir du naufrage, j'étais dans notre cabine. Je cherchais quelque chose de plus chaud à porter pour aller sur le pont. Gustav est rentré. Il avait bu, plus que d'habitude. Il me regardait drôlement et j'ai eu peur. Il ne disait rien. Il me regardait. J'ai essayé de mettre mon manteau, mais il me l'a enlevé. Il n'était pas violent mais insistant. Je me suis tournée vers la porte. Je l'ai entrouverte, il l'a refermée aussitôt. Alors, j'ai compris qu'il n'était plus question de refuser. J'allais lui dire de patienter un peu mais il m'a poussée contre la porte. Il me tenait solidement contre la porte, ma figure contre la porte. Il était derrière moi… Il a soulevé ma robe…

IRÈNE

Ève-Marie…

ÈVE-MARIE

Il s'est écrasé, ivre mort, sur le lit. Je l'ai laissé dans la cabine. Je pleurais. J'avais mal. Je me suis retrouvée sur le pont. J'ai senti qu'il y avait plein de gens autour de moi. Tout à coup, un matelot m'a prise et m'a déposée dans un canot. *(Temps.)* Je me suis cachée au fond du canot pour que personne ne me touche. J'y suis restée. Il faisait très noir. J'entendais des prières; les gens autour de moi priaient mais je ne comprenais pas pourquoi. Je n'ai rien vu du naufrage. Quand on nous a repêchés, je croyais remonter à bord du Titanic. J'ignorais ce qui venait de nous arriver.

Silence. Irène s'approche d'Ève-Marie, qui s'éloigne d'elle.

Je n'ai appris le décès de mon père qu'après notre arrivée à New York. Il est sûrement resté à bord pensant que j'y étais toujours. Je n'ai pas eu la chance de lui dire adieu.

Long silence.

IRÈNE

Ton père t'aimait tellement. Il n'aurait pas voulu que tu cesses de chanter.

ÈVE-MARIE

Je n'ai qu'une première année de Conservatoire!

IRÈNE

Offre-toi des leçons. À quoi bon tout cet argent que Gustav Schmidt t'a laissé si tu n'as pas l'intention de t'en servir!

Ève-Marie ne répond pas.
Temps.

Maurice joue au Carnegie Hall ce soir.

ÈVE-MARIE

Maurice?

IRÈNE

C'est la deuxième fois cette année qu'il joue à New York.
Temps.

On le compare aux plus grands virtuoses… Voudrais-tu assister au concert?

ÈVE-MARIE

Non. Pas cette fois-ci.

Irène

Voudrais-tu que je l'invite à dîner?

Ève-Marie

Non, surtout pas!

Irène

Je suis certaine qu'il serait ravi de te revoir.

Ève-Marie

Je reverrai Maurice quand je serai prête, pas avant.
Irène est découragée de voir sa nièce ainsi.
Temps.

Je pourrais peut-être auditionner à l'Opéra de New York?

Irène

(Ravie.) Viens ici que je t'embrasse!

Metteur en scène 1

Excellent! Excellent, Mlle… Guérin. C'est bien ça?

Ève-Marie

Oui, oui, Guérin, c'est ça.

Metteur en scène 1

Je crois que nous pourrons vous trouver une petite place dans les chœurs.

Ève-Marie

Dans les chœurs?

Metteur en scène 1

Oui, oui! Vous avez une très belle voix, mais Mozart doit être interprété avec…

Ève-Marie

Je ne suis pas choriste, Monsieur!

Metteur en scène 1

Ah? Évidemment, madame. Un jour, avec un peu

d'expérience… Mais pour le moment, il m'est impossible de vous offrir autre chose. Vous devrez m'excuser.

ÈVE-MARIE

«Un jour avec un peu d'expérience…» Mais pour qui est-ce qu'il se prend, celui-là!

METTEUR EN SCÈNE 2

(Tenant un journal à la main.) Mlle… hem… Guérin, c'est ça?

ÈVE-MARIE

Oui, Ève-Marie Guérin, c'est ça.

METTEUR EN SCÈNE 2

Vous n'êtes pas française?

ÈVE-MARIE

Non. Hem… Je suis canadienne.

METTEUR EN SCÈNE 2

Ah! J'ai cru reconnaître l'accent! Vous devez être très fière de votre compatriote, monsieur Kleinman. *(Lui indiquant le journal.)* Je l'ai vu en concert hier soir. La critique est dithyrambique. Son interprétation de la *Fantasia n° 4* de Mozart était magistrale. Bon! Qu'est-ce que vous avez préparé?

ÈVE-MARIE

Je… Je vais interpréter «Mein Herr Marquis» de Strauss.

METTEUR EN SCÈNE 2

Ah?

ÈVE-MARIE

Je peux faire autre chose.

METTEUR EN SCÈNE 2

Non, non! Ça va. Ça va. Allez-y!
Ève-Marie chante « Mein Herr Marquis », extrait de Die Fledermaus *de Strauss.*

ÈVE-MARIE

Mein Herr Marquis ein Mann wie Sie
sollt besser das verstehn,
darum rate ich,
ja genauer sich die Leute anzusehn!

> *Ève-Marie chante: Monsieur le Marquis, un homme comme vous / Ferait mieux de soigner ses manières, / Permettez-moi de vous le dire, / Vous ne manquez pas de toupet !*
>
> *Le Metteur en scène est distrait par un article dans le journal. Il n'écoute pas.*

Die Hand ist doch wohl gar zu fein,
ah, ah, ah,...

> *Ève-Marie chante: Que votre main est belle et douce... / Ah, ah, ah...*
>
> *Ève-Marie s'arrête. Le Metteur en scène ne s'en rend pas compte. Il continue sa lecture puis la félicite, croyant qu'elle a terminé.*

METTEUR EN SCÈNE 2

Ah, bon. Très bien. Excellent. Alors, merci.

> *Il continue sa lecture en sortant.*

ÈVE-MARIE

(S'adressant à Irène.) C'est le manque de respect. C'est ça qui est insupportable !

METTEUR EN SCÈNE 3

Do you know the music, honey?

ÈVE-MARIE

Yes I do!

> *C'est un grossier personnage qui mâche un bout de cigare. Il se tourne vers la pianiste.*

METTEUR EN SCÈNE 3

Hit it, Trixie!

> *Ève-Marie chante la mélodie du mieux qu'elle peut, mais elle chante bel canto.*

ÈVE-MARIE

I am a very very funny bunny.
I'm hopping all around
In the garden of Love.

METTEUR EN SCÈNE 3

What the hell are you doing?

ÈVE-MARIE

What does it look like I'm doing? I'm trying to sing this!

METTEUR EN SCÈNE 3

Ya haven't got it at all… Miss, hem… Guerrin!

ÈVE-MARIE

Guérin. Ève-Marie Guérin!

METTEUR EN SCÈNE 3

Ya won't get far with a name like that! Come on, sugar throat, I'll sing it with ya. From the top, Trixie and give it a little kick!

Avec une voix rauque, il chante la mélodie tout en mordant son cigare. C'est un air de vaudeville.

I AM A VERY VERY FUNNY BUNNY
I'M HOPPING ALL AROUND
IN THE GARDEN OF LOVE.

Ève-Marie essaye de chanter avec lui mais s'arrête brusquement.

ÈVE-MARIE

(S'adressant à Irène.) Je déteste cette ville. Je déteste les Américains! Un peuple inculte! Une race de commerçants et de comptables.

IRÈNE

Tu as tort de penser que les Américains sont incultes. Le marchandage est ce qu'il y a de plus cultivé chez les Américains.

ÈVE-MARIE

Vous avez bien raison, c'est une question de marchandage. Ils me disent tous que j'ai une belle voix, que j'ai beaucoup de talent mais ils ne sont pas prêts à offrir un rôle à une inconnue.

IRÈNE

Tu te laisses abattre trop facilement.

ÈVE-MARIE

Au contraire, me préparer pour ces auditions m'a redonné le goût de chanter.

> *Charles Beker entre. C'est un jeune, début vingtaine, qui fume un gros cigare.*

BEKER

Ève-Marie?

ÈVE-MARIE

Monsieur Beker? Vous êtes bien monsieur Charles Beker?

BEKER

Oui, c'est bien moi.

ÈVE-MARIE

Vous êtes beaucoup plus… enfin… beaucoup moins…

BEKER

(En riant de bon cœur.) Vous vous attendiez peut-être à rencontrer mon père? J'ai le regret de vous annoncer qu'il est décédé il y a de cela déjà trois ans et que, depuis, j'ai hérité de la direction du Met. C'était dans tous les journaux!

ÈVE-MARIE

Bravo!… Enfin… Toutes mes condoléances…

BEKER

Quand j'ai appris que vous étiez chanteuse, je n'ai pas hésité une seconde à répondre à votre lettre.

ÈVE-MARIE

Alors… Comme je vous l'ai expliqué, je n'ai complété que ma première année au Conservatoire mais j'ai eu toutefois la chance de travailler avec…

BEKER

Mais pourquoi avez-vous attendu si longtemps avant de venir me voir?

ÈVE-MARIE

Mes premières années à New York ont été pénibles. Vous comprendrez que j'ai préféré vivre dans l'anonymat…

BEKER

Oui, bien entendu. Quelle catastrophe! Vous avez toutes mes condoléances. Quelle perte!

ÈVE-MARIE

Vous êtes bien aimable.

BEKER

J'ai eu l'occasion de correspondre récemment avec madame Riser du Conservatoire de Paris.

ÈVE-MARIE

Ah, oui? C'est une femme bien. J'ai beaucoup appris d'elle et…

BEKER

Elle a été très élogieuse à votre endroit. Elle vous considérait l'une de ses élèves les plus prometteuses.

ÈVE-MARIE

Ah, oui! Vous dites qu'elle me considérait l'une des plus prometteuses?

BEKER

Il y a déjà quelques années que vous avez chanté.

ÈVE-MARIE

Je vous assure que je suis prête à retourner sur les planches.

BEKER

Et si je vous offrais un rôle dans les chœurs?

ÈVE-MARIE

(En se levant.) Merci de m'avoir rencontrée. Je ne vous dérangerai pas plus longtemps.

BEKER

(Il rit.) Rassoyez-vous. Soyez sans crainte, je n'ai pas l'intention de vous offrir un rôle dans les chœurs. Il serait inconcevable que vous chantiez dans les chœurs. Mais, vous comprenez qu'il me serait impossible de vous offrir un premier rôle.

ÈVE-MARIE

(Masquant sa déception.) Bien entendu.

BEKER

Que pensez-vous de Preziosilla dans *La forza del destino* de Verdi?

ÈVE-MARIE

Vous me demandez mon avis, ou bien vous m'offrez le rôle?

BEKER

(En riant.) Vous êtes très directe. C'est très bien. Excellent! La chanteuse qui devait tenir ce rôle n'est plus disponible. Vous arrivez à un moment très opportun. Ce n'est pas un très grand rôle mais c'est un rôle d'une certaine importance qui pourrait lancer la carrière d'une jeune chanteuse.

ÈVE-MARIE

Vous êtes très aimable, monsieur Beker. Je ne m'attendais pas à une telle générosité.

BEKER

Je suis très heureux de vous avoir enfin rencontrée… madame Schmidt.

Irène entre. Des déménageurs déplacent des meubles.

IRÈNE

Qui êtes-vous?

Pas de réponse.

Qu'est-ce que vous faites ici? *(S'adressant à Ève-Marie.)*

90

Ève, ma chérie, qui sont ces gens?

Ève-Marie

Ma tante, enfin vous voilà!

Irène

Peux-tu, s'il te plaît, me dire…

Ève-Marie

J'ai fait quelques achats…

Irène

C'est bien ce que je constate…

Ève-Marie

Ma tante, il m'arrive de bien bonnes choses: je vais chanter
à l'opéra!

Irène

Tu vas chanter à l'opéra?

Ève-Marie

J'ai obtenu un rôle au Metropolitan Opera. Preziosilla
dans *La forza del destino* de Verdi.

Irène

C'est merveilleux! Tu ne m'avais pas dit que tu
auditionnais pour le Met.

Ève-Marie

Je n'ai pas eu à auditionner. Je suis allée rencontrer Charles
Beker, le directeur de l'Opéra.

Irène

Charles Beker du Metropolitan Opéra t'offre un rôle
comme ça, sans t'avoir entendue chanter?

Ève-Marie

Ce n'est pas un très grand rôle, mais c'est peut-être
suffisant pour que je fasse mes preuves.
Un concierge entre avec les achats d'Ève-Marie.

CONCIERGE
    Mrs. Schmidt?

ÈVE-MARIE
    Yes?

CONCIERGE
    Where do you want these?

ÈVE-MARIE
    Over there.

IRÈNE
    Madame Schmidt? Tu avais interdit qu'on prononce le
    nom de Schmidt dans la maison.

ÈVE-MARIE
    Pensez-vous que Charles Beker aurait pris le temps de
    répondre à ma lettre si je l'avais signée Ève-Marie Guérin.

IRÈNE
    Tu t'es enfermée pendant des années afin d'éviter ce genre
    d'attention, et maintenant tu ouvres grand la porte.

ÈVE-MARIE
    Vous vous inquiétez trop, ma tante. Je n'ai pas l'intention
    de garder le nom de Schmidt très longtemps. Charles
    Beker est un homme intelligent. Il comprendra assez vite
    qu'il n'a pas à me vendre.

BEKER
    Ève-Marie!

ÈVE-MARIE
    Charles! Nous parlions justement de vous!

IRÈNE
    (Sotto voce, en levant les yeux au ciel.) Charles!

ÈVE-MARIE
    Charles, permettez-moi de vous présenter ma tante Irène.

BEKER

Irène. C'était le nom de ma mère. Est-ce que je peux vous
appeler Irène?

IRÈNE

(Gentiment.) Il n'en est pas question!

BEKER

Et voilà! Ève, nous avons organisé un gala pour annoncer
qu'Ève-Marie Schmidt tiendra le rôle de Preziosilla dans
La forza del destino. Nous avons coordonné cette soirée
avec l'arrivée du Berengaria dans le port de New York.
Nous avons réservé le Salon Social et nous voudrions que
vous chantiez quelques extraits.

ÈVE-MARIE

Le Berengaria.

BEKER

C'est extraordinaire comme coïncidence, vous ne trouvez
pas? Ève-Marie Schmidt chante à bord de l'Împérator de
Gustav Schmidt, rebaptisé Berengaria par les Britanniques
après la guerre. Quel spectacle!

IRÈNE

Tu sais pertinemment pourquoi Beker a choisi ce navire.
La publicité qu'il va créer, en annonçant qu'Ève-Marie
Schmidt chantera à bord du navire que son défunt mari a
conçu, est inimaginable.

ÈVE-MARIE

Et alors?

IRÈNE

Il se sert de toi!

ÈVE-MARIE

Charles Beker m'offre l'occasion de chanter, c'est tout!

93

IRÈNE

À quel prix?

ÈVE-MARIE

«À quel prix, à quel prix!» Je dois reprendre le nom de mon mari. Est-ce un si grand prix à payer?

IRÈNE

Tu l'apprendras à tes dépens!

ÈVE-MARIE

Écoutez, si vous n'aviez pas été là après le naufrage, je dois vous admettre que j'aurais eu beaucoup de difficulté à survivre. Mais il y a déjà plusieurs années de tout cela et je vous avoue que je me demande un peu ce que vous faites encore ici.

IRÈNE

Je… Je suis… Je m'occupe de toi.

ÈVE-MARIE

Est-ce possible que vous n'ayez rien d'autre à faire dans la vie que de prendre soin de moi?
Temps.

IRÈNE

À Paris, je croyais que ça me changerait les idées d'avoir à m'occuper de toi, mais éventuellement je me suis attachée. Quand ton père est décédé, tu es devenue ma fille à moi. Mais là, je vois bien que j'ai eu tort de m'imposer dans ta vie. Je te demande pardon.
Irène sort.

GUSTAV

Madame Schmidt.

ÈVE-MARIE

Monsieur Schmidt?

GUSTAV

Je ne me lasse pas d'entendre ces mots!

ÈVE-MARIE

Un peu de vin?

GUSTAV

Je vous sers un dernier verre. Je crois que madame Schmidt a un peu trop bu. Depuis que nous sommes arrivés à bord, tu sembles distante, distraite.

ÈVE-MARIE

Quand nous serons à New York, tu crois qu'il me serait possible de rencontrer monsieur Beker au Metropolitan Opera?

GUSTAV

Je t'ai promis de te présenter aux directeurs d'opéras dès notre retour en Europe.

ÈVE-MARIE

Oui, mais puisque nous serons déjà à New York, tu pourrais…

GUSTAV

J'aurai énormément de travail pendant ce séjour à New York. Et puis, je compte bien te consacrer toutes mes soirées.

ÈVE-MARIE

Je peux bien le rencontrer sans toi.

GUSTAV

Il n'en est pas question! Tu ne peux pas te présenter comme ça chez Charles Beker!

ÈVE-MARIE

Je croyais que c'était un ami de ton père.

GUSTAV

Mon père est décédé il y a déjà plus de dix ans et…

ÈVE-MARIE

Mais il connaît ta famille. Je suis certaine qu'il ne refuserait pas de me rencontrer si tu lui écrivais une lettre de présentation.

GUSTAV

Ma chérie, nous parlerons de tout cela dès notre retour à Hambourg.

ÈVE-MARIE

Je croyais que nous allions nous installer à Paris!

GUSTAV

Le lancement de l'Impérator se fera le mois prochain; suivront le Vaterland et le Bismarck. Je ne peux donc m'absenter de Hambourg trop longtemps.

ÈVE-MARIE

Le Vaterland et le Bismarck? Tu as dit que le Bismarck ne serait lancé que l'année prochaine!

GUSTAV

Ça nous donne tout le loisir de commencer notre famille.

ÈVE-MARIE

Notre famille? Mais, il n'a jamais été question de famille!

GUSTAV

Pour quelle raison est-ce qu'un homme prend femme?

ÈVE-MARIE

Tu ne m'avais rien dit.

GUSTAV

Mais qu'est-ce qu'un mari a à expliquer à sa femme?

ÈVE-MARIE

Je n'ai pas l'intention de mettre ma carrière en veilleuse pour élever tes enfants.

GUSTAV

Ta carrière? Tu n'as pas de carrière! *Du biest mein frau*!
Temps.

ÈVE-MARIE

(En indiquant la bouteille.) Alors, verse! Je ne suis pas assez saoule pour remplir mes obligations conjugales.

GUSTAV

Tu n'es qu'une gamine qui n'a qu'une première année de Conservatoire! Une rien du tout qui, sans moi, serait encore sur les bancs d'école! Penses-tu vraiment que Charles Beker aura autre chose à t'offrir que les chœurs à moins que je ne lui parle en personne et que nous nous entendions sur un montant.
Temps.

ÈVE-MARIE

Charles! M'auriez-vous offert ce rôle si j'avais exigé qu'on m'appelle Ève-Marie Guérin?

BEKER

(En riant.) Les journaux m'auraient crucifié à l'aube si j'avais offert ce rôle à une inconnue. Mais, Ève-Marie Schmidt, survivante du plus grand désastre maritime de l'histoire et l'épouse de feu Gustav Schmidt, chantant à bord du Berengaria, ça vaut son pesant d'or!

ÈVE-MARIE

Vous ne m'avez même pas entendue chanter.

BEKER

Je ne suis pas forcé de vous entendre chanter.
Irène entre, vêtue de son manteau et portant une petite valise.

IRÈNE

Je crois que je n'ai rien oublié. Demain, je ferai livrer le reste de mes effets personnels au quai.

ÈVE-MARIE

Vous ferez livrer le reste?

IRÈNE

C'est ce que j'ai dit.

ÈVE-MARIE

Vous prenez des vacances?

IRÈNE

Comment? Non, non, ma pauvre chouette. Je rentre en France.

ÈVE-MARIE

C'est une blague!

IRÈNE

C'est très sérieux.

ÈVE-MARIE

Vous rentrez en France. Comme ça. Sans rien dire!

IRÈNE

Qu'est-ce qu'il reste à dire?

ÈVE-MARIE

Vous partez avant mon gala?
  Irène s'arrête et regarde sa nièce longuement.

IRÈNE

Je quitte New York à bord de l'Olympic vendredi matin.

ÈVE-MARIE

Qu'est-ce qui justifie ce départ précipité?

IRÈNE

Tu m'as demandée de partir!

ÈVE-MARIE

J'ai… Je ne vous ai jamais demandé de partir… Nous avons eu un différend, un malentendu, c'est tout. Il n'y a pas de quoi partir en claquant la porte.

IRÈNE

Il est temps que je reprenne ma vie à Paris. J'ai perdu contact avec plusieurs de mes amis à cause… de cette maudite guerre. J'espère les retrouver, mais je ne me fais pas d'illusions. Même si j'arrive à les retrouver… qui sait ce qu'ils sont devenus.

ÈVE-MARIE

Attendez la fin de la saison. Après tant d'années, j'aimerais bien revoir Paris, moi aussi. Nous pourrions faire la traversée ensemble.

On cogne à la porte.

IRÈNE

C'est mon taxi.

ÈVE-MARIE

Vous alliez partir comme ça, sans rien dire?

IRÈNE

Je t'ai laissé un petit mot… Je t'écrirai aussitôt que je serai installée à Paris. Au revoir, ma chérie. Je suis persuadée que tout ira bien pour toi. Tu as énormément de talent, tu n'as besoin de rien d'autre.

Irène embrasse Ève-Marie, elle la regarde un petit moment et se retourne pour partir.

BEKER

Mesdames et messieurs, j'ai le plaisir de vous accueillir à bord de ce merveilleux navire.

JOURNALISTE 1

Though he was German, it could be said Gustav Schmidt was an American in spirit. For an undertaking of this magnitude is truly worthy of the American dream.

JOURNALISTE 2

La vision de Gustav Schmidt ne s'arrête pas à la conquête des océans. Il a reconnu le talent d'une jeune femme du Conservatoire de Paris et il en est devenu follement amoureux.

BEKER

Gustav Schmidt rêvait de voir sa femme interpréter les plus grands rôles du répertoire classique. Ce soir, à bord de ce resplendissant navire, le deuxième rêve de Gustav Schmidt se réalisera. Mesdames et messieurs, j'ai l'honneur de vous présenter une grande dame…

JEUNE FEMME

Une jeune mariée est tirée des bras de son époux lors du plus grand désastre maritime de l'histoire.

JEUNE HOMME

C'est un dénouement inspiré des plus grands opéras.

FEMME

Gustav Schmidt a persévéré courageusement jusqu'au dernier moment afin d'assurer la survie et le confort de son épouse.

JOURNALISTE 2

Gustav Schmidt a aidé d'innombrables femmes et enfants avant de trouver la mort sous les flots glacés de l'Atlantique.

JOURNALISTE 1

A classic ending to a tragic love story!

BEKER

Mesdames et messieurs, permettez-moi de vous présenter une grande cantatrice et la veuve du créateur de ce merveilleux navire.

Silence.

ÈVE-MARIE

(S'adressant au public.) Mon nom était désormais irrévocablement lié à celui de Gustav Schmidt. Ce soir-là, j'ai chanté à bord de ce maudit navire. On se bousculait pour me rencontrer, on avait fait de Gustav un martyr et de moi, un objet de convoitise qu'on marchandait… Je connaissais la gloire avant même d'avoir chanté une seule note.

Intro Pace Pace Mio Dio.

BEKER

À la mémoire de Gustav Schmidt, un visionnaire, un homme très courageux et de toute évidence l'un des plus grands architectes navals de notre époque, il me fait grand plaisir, mesdames et messieurs, de vous présenter madame Gustav Schmidt!

Ève-Marie interprète «Pace Mio Dio», extrait de La forza del destino *de Verdi.*

ÈVE-MARIE

Pace, pace, pace, pace, mio Dio,
pace, mio Dio!
Cruda sventura
M'astringe, ahimè a languir;
Come il dì primo da tant'anni dura
Profonde il mio soffrir.
Pace, pace, pace,
mio Dio, pace mio Dio!

Ève-Marie chante: Mon Dieu, Ô mon Dieu, / Apportez-moi la paix ! / Au cœur de cette cruelle épreuve, / Mon âme en peine erre encore, / Comme au premier jour : / Toutes ces années n'auront jamais été qu'une souffrance sans fin. / Mon Père, Ô mon Père, / Apportez-moi la paix.

Maurice joue Fantasia nº 4 *de Mozart.*

ÈVE-MARIE

(S'adressant à Maurice.) Et tu ne joues plus?

MAURICE

Je n'y prenais plus plaisir… On s'attendait à ce que je joue et que je rejoue les mêmes œuvres: comme un singe mécanique qu'on met en marche et qu'on arrête à volonté. J'ai compris que mes vingt ans de travail ne représentaient en réalité qu'une année d'expérience que j'avais bêtement répétée vingt fois… J'en suis venu à détester la musique.

ÈVE-MARIE

Jamais je n'aurais cru entendre ça de toi, Maurice.

MAURICE

Mais un soir, j'ai connu un moment d'extase où je me suis senti transporté. Je m'abandonnais totalement, sans appréhension, sans crainte, sans attentes. Je jouais comme je n'avais jamais joué de ma vie! Je jouais avec la liberté totale d'un enfant qui s'amuse dans un carré de sable. *(Temps.)* C'est la dernière fois que j'ai ressenti le besoin de jouer en public. *(Temps.)* Maintenant, je joue si je veux. Souvent, je ne joue pas du tout. Je m'assois parmi tous ces instruments et j'écoute le silence… Chaque piano que je reconstruis porte en lui la musique que d'autres sauront en tirer.

Temps.

ÈVE-MARIE

J'étais tellement fière de toi, la première fois que j'ai appris que tu jouais à New York! J'ai gardé toutes les critiques. Je les ai encore, d'ailleurs. J'aurais pu aller te voir jouer. Un soir, je t'ai vu entrer dans le théâtre où tu devais jouer. J'étais derrière toi, j'aurais pu te mettre la main sur l'épaule. Mais je n'ai pas osé. Je voulais attendre. Je voulais être certaine de pouvoir te regarder dans les yeux, confiante que tu serais aussi fier de moi que je l'étais de toi.

MAURICE

Ève…
> *Temps.*

ÈVE-MARIE

Je ne pourrais jamais arrêter de chanter même si j'y prenais moins plaisir!

MAURICE

Mais tu y prends plaisir?

ÈVE-MARIE

J'ai interprété les plus grands rôles du répertoire classique!

MAURICE

C'est pas ce que je t'ai demandé, Ève-Marie Guérin.
> *Ève-Marie ne répond pas.*

LE PHOTOGRAPHE

Par ici!
> *Ève-Marie ne prend pas conscience du photographe. «Flash» de l'appareil photo.*

ÈVE-MARIE

(S'adressant au public.) …J'avais interprété les plus grands rôles du répertoire classique… et pourtant… je ne me souvenais plus de la dernière fois que j'avais pris plaisir à chanter… Est-ce possible que je n'y aie jamais pris plaisir?

Fin

Achevé d'imprimer
en octobre deux mille deux, sur les presses
de l'Imprimerie Gauvin, Hull, Québec